Christian J. Grothaus

Der „hybride Krieg" vor dem Hintergrund der kollektiven Gedächtnisse Estlands, Lettlands und Litauens

Standpunkte und Orientierungen: Band 10
Herausgegeben von Uwe Hartmann

Der „hybride Krieg"
vor dem Hintergrund der kollektiven Gedächtnisse Estlands, Lettlands und Litauens

Christian J. Grothaus

2017

Carola Hartmann Miles-Verlag

Bibliografische Information der Deutschen Nationalbibliothek

Die Deutsche Nationalbibliothek verzeichnet diese Publikation in der Deutschen Nationalbibliografie; detaillierte bibliografische Daten sind im Internet über www.dnb.de abrufbar.

© 2017 Carola Hartmann Miles-Verlag
www.miles-verlag.jimdo.com
email: miles-verlag@t-online.de

Herstellung: Books on Demand, Norderstedt

Printed in Germany

ISBN 978-3-945861-56-1

Inhalt

EINLEITUNG

Die Bundeswehr ist in den baltischen Ländern in führender Position im Einsatz. Ein Schwerpunkt liegt hierbei in Litauen. Neben militärischen, diplomatischen oder auch administrativen Aspekten spielt das Agieren im „hybriden Krieg" eine weitere Rolle. Ein solcher Krieg wird nicht erklärt – er ist schon in vollem Gange, sowohl physisch, als auch nicht-physisch: Wirtschaftssanktionen, politische Isolierung, Aktivität verschiedener Nichtregierungsorganisationen und Geheimdienste, subversive Aktivitäten offizieller und inoffizieller Mitarbeiter, tendenziöse massenmediale Berichterstattung, paradoxe Interventionen und PR-Inszenierungen, Kampagnen in sozialen Medien bzw. im Internet. Die Aufzählung ließe sich fortsetzen.

Die Völker des Baltikums und die russischen Minderheiten sind es, die in potentiellen Kriegsszenarien die Hauptlast zu tragen haben und es gilt, deren spezielle geistige Gemengelagen zu begreifen. Die vorliegende Untersuchung will einen Beitrag leisten, diese tiefe Grundierung wahrzunehmen. Bestenfalls gelingt es künftig, Reaktionen vorauszuahnen bzw. typische Denkmuster in das Kalkül einzubeziehen. Mindestens aber könnte das Verständnis für den baltischen Raum und dessen Völker wachsen.

Zentral sind folgende Überlegungen: Jedes Volk hat einen überindividuellen Charakter, der neben dem persönlichen eines Einzelnen steht und diesen mitbestimmt. Neben ethnischen Eigenschaften stellen die Erinnerungen, Erzählungen und Traditionen wesentliche Elemente der Völkerpsychologie dar und bilden das sog. kulturelle Gedächtnis. Zur Begriffsklärung wird es im ersten Kapitel um diese beiden Themen im Allgemeinen gehen. Eine Analyse schließt sich an, die litauische, estnische, lettische, russische und baltendeutsche Erzählungen, Erinnerungen und Traditionen beleuchtet. Wie unterscheiden sich die kulturellen Gedächtnisse der Vielvölkerregion? Wie entstand und entsteht jeweilige Identität? Was motivierte die Völker, friedlich oder kriegerisch zu agieren?

Auf europäischem Boden erscheint das 20. in der Rückschau als Kriegsjahrhundert (1914-1990) mit nur insgesamt 24 Jahren Unterbrechungen. Der Erste Weltkrieg, der Zweite Weltkrieg und die zweite sowjetische Okkupation haben auch im Baltikum tiefe Spuren hinterlassen, die die Völker und deren Siedlungsgebiete betrafen. Das zweite Kapitel wird diese zentralen kollektiven Traumata beschreiben und das schließende fragt danach, welche identitätsrelevanten Erinnerungsschichten die heutigen Konstellationen mitbestimmen. Diese Untersuchung endet mit einer Prognose darüber, wie sich die Balten (einzeln wie kollektiv) in den typischen Formen des hybriden Krieges vor dem Hintergrund ihrer kollektiven Gedächtnisse verhalten könnten.

1.   DIE BALTEN

Siedlungsräume von Stämmen münden nicht immer in klar umgrenzte Staaten. Manche gehen unter, manche fusionieren und manche werden zu Nationen. Stets jedoch spielen Ethnien, also Menschengruppen, die in Herkunft und Sprache homogen sind, die tragenden Rollen bei Aufbau, Leben und (Vor-)Sorge der gemeinsamen Räume. Lenkt man den Fokus ins heutige Baltikum[1], kommt man nicht umhin, diese Grundparameter ernst zu nehmen, denn es handelt sich bei den dortigen Menschen um Völker bzw. um Autochthone.

Die Assoziation von Vielvölkerstaaten ist eine stehende Größe in der Literatur über das Baltikum. So betont auch Hans Hecker[2] diesen Sachverhalt und charakterisiert Ostmitteleuropa als Art sozialethnisches Geflecht, in dem Sprachen und Kulturen der Minderheiten und Mehrheiten die Beziehungen bestimmen. Freilich sollte diese Einschätzung nicht als undifferenzierter Kosmopolitismus missverstanden werden. Es wird dort nicht als erstrebenswert angesehen, Traditionen, Geschichte, Bindung und

---

[1] Hier sei erwähnt, dass der Begriff „Baltikum" von Esten, Letten und Litauern ungern genutzt wird. Sie verorten ihn im Zuge der Wehrverwaltungs-Bezeichnung „Land Ober-Ost" – hierin waren die besetzten Gebiete der deutschen Ostfront (inkl. Weißrussland) während des Ersten Weltkrieges zusammengefasst.

[2] Hecker, Hans/Spieler, Silke (Hrsg.): Deutsche, Slaven und Balten. Aspekte des Zusammenlebens im Osten des Deutschen Reiches und in Ostmitteleuropa, Bonn: Kulturstiftung d. dtsch. Vertriebenen, 1989, S. 7.

Identität aufzulösen. Konstitutiv sind vielmehr die Prägungen kollektiver Gedächtnisse, die sich zu einem nicht unerheblichen Teil um die Kämpfe um das Eigene und die Abwehr von Feinden drehen. Die Esten, Letten und Litauer sehen sich als Gemeinschaften und nicht als allseitig grenzenlose Gesellschaften[3], die aus vereinzelten Individuen unterschiedlichster Herkunft und Sprache bestehen.

1.1. Zur Bedeutung des kollektiven Gedächtnisses

Die Nationen-Konstituierung besteht neben harten Fakten wie Ethnie und Sprache auch aus geistigen Prozessen. Das Geistige ist dabei aber keine freie Konstruktionsleistung nach dem Motto: Ich mach mir die Welt, wie sie mir gefällt. Konstitutions- und Identitätsprozesse vollziehen sich vielmehr über Erinnerungen. Erinnert werden eigene wie kollektive Tiefenschichten. Unausgesprochenem und Un-

---

[3] Siehe hierzu: Tönnies, Ferdinand: Gemeinschaft und Gesellschaft, Leipzig: Fues, 1887. Tönnies gilt als einer der ersten deutschen Soziologen und beschreibt den Unterscheid zwischen Gemeinsaft und Gesellschaft. Er lenkt dabei den Fokus auf den Willen des Einzelnen, eine überindividuelle Ordnung (z. B. Verwandtschaft, Nachbarschaft, Freundschaft) zu akzeptieren und sich dieser zu fügen. Solches Handeln schlägt sich in Stämmen, Dörfern, der Rolle der Kirche etc. nieder. Im Gegensatz hierzu steht der moderne Massen-Staat, in dem sich entkoppelte Individuen zumeist per Vertrag begegnen und Ordnungen weitgehend abstrahiert erscheinen. Vielmehr herrschen z. B. Eigennutz, Warenfetisch und sinnentleerte Arbeit vor.

bewusstem kommt Bedeutung zu; Themen also, die permanent virulent sind und keiner Reflexion bedürfen. Diese kollektiven Selbstverständlichkeiten, diese geistigen Grundierungen münden in Rituale, prägen Erzählungen und beeinflussen Geschichtsschreibungen.

Jan Assmann hat schlüssig die Bedeutung des sog. kulturellen Gedächtnisses dargelegt. Er bezieht sich dabei auf den französischen Soziologen Maurice Halbwachs (1877-1945) und dessen zentraler These einer sozialen Bedingtheit des Gedächtnisses. Kollektive Ideen seien demnach auf Verkörperung angewiesen, sie bräuchten konkreten Raum- und Zeitbezug, könnten sich nur bei solchem auskristallisieren: „Jede Gruppe, die sich als solche konsolidieren will, ist bestrebt, sich Orte zu schaffen und zu sichern, die nicht nur Schauplätze ihrer Interaktionsformen abgeben, sondern Symbole ihrer Identität und Anhaltspunkte ihrer Erinnerung sind.“[4] Dinge (natürlich wie künstlich) und Zeichen seien hier eingeschlossen und dienten als Multiplikatoren einer „symbolischen Wesensgemeinschaft“, die auch wirke, wenn die Gruppe von ihrem Orte getrennt sei. Das Kollektivgedächtnis hafte also an seinen Trägern und umgekehrt. Es füge und halte sie in der Zugehörigkeit und sei konkret dem Raum, der Zeit und auch der Identität gegenüber.

---

[4] Assmann, Jan: Das kulturelle Gedächtnis. Schrift, Erinnerung und politische Identität in frühen Hochkulturen, 7. Aufl., München: Beck, 2013, S. 39.

Vor diesem Hintergrund erscheinen Erinnerungen als sehr lebendig und nicht nur geistig. Sie werden erfahren, sind affektiv und körperlich. Sterben die jeweiligen Träger der Erinnerungen, können diese sich aber erhalten und neue Gruppen binden, so Assmann, – allerdings nur in dem Maße, wie diese es vermögen, jene zu rekonstruieren. Diesbezüglich könne das Neue in Form von wiedererinnerter Vergangenheit auftreten. Geschichte allein kann demnach also nicht in das kulturelle Gedächtnis Eingang finden, denn ihr fehlt das Identitätskonkrete, sprich im Erleben geteilte. Eine bloße Schilderung historischer Fakten reicht eben nicht zur Konstituierung des kulturellen Gedächtnisses aus. Es braucht den Überschlag ins Lebendige, Gefühlte. Geschieht dieser Prozess, kann Identität entstehen. Die Voraussetzung also, um Zugehörigkeit zu empfinden. Die Bedeutung von Heimat wird hier klar, denn in diesem Gefühl zeigt sich die Verbindung von Erinnerung, Leben, Körper, Raum, Zeit, Ding und Symbol. Auch die Heimat ist nicht nur individuell. Sie bindet ein Kollektiv, lässt es sich erkennen und lässt es seine Zukunft entfalten: „Das Gedächtnis rekonstruiert nicht nur die Vergangenheit, es organisiert auch die Erfahrung der Gegenwart und Zukunft."[5]

Nach Assmann, sprich Halbwachs, stelle Tradition ein verschriftlichtes Bindeglied dar. Sie hebe sich von der persönlichen Biographie ab und schöpfe in einer „fundierteren" Weise. Noch kein kulturelles Gedächtnis, aber eine Brücke dorthin: „Statt immer

---

[5] Ebd., S. 42.

wieder neuer Rekonstruktionen entsteht in diesem
Falle eine feste Überlieferung. Diese löst sich aus
den kommunikativen Lebensbezügen heraus und
wird zu einem kanonischen kommemorativen [hier:
besonderes Erwähnen zum herausgehobenen Ge-
denken, CJG] Gehalt." Kulturelles Gedächtnis kann
also auch in Schrift wie Ritual konserviert werden.
Ein gutes Mittel, um für die Wiederentdeckung bereit zu sein.

Eine Verbindung zu Claude Lévi-Strauss (1908-
2009) und dessen Unterscheidung von „kalten und
heißen Gesellschaften" ist ebenfalls für diesen Essay
aufschlussreich. Die kalte Option sei charakterisiert
durch Streben nach Weisheit und die Tendenz, dem
Eindringen der Geschichte Widerstand zu leisten.
Das klingt recht kühl, distanziert, sachlich, zwang-
haft rational und es scheint, dass die kalte Fraktion
identitätsarm und geschichtslos ist. Diese Charakte-
ristika sind bei Lévi-Strauss aber nicht despektierlich
gemeint, sondern stellen kulturelle Arbeit dar: „Käl-
te ist nicht der Nullzustand der Kultur. Sie muss
erzeugt werden."[6] Wiedererkennen, Regelmäßigkeit
und Kontinuität seien Ziele, zu deren Erreichen
bestimmte Erinnerungen gepflegt würden und andere unterdrückt – institutionelle Entsprechungen
seien z. B. Kirche und Militär. Die heißen Gesellschaften hingegen hätten ein „gieriges Bedürfnis
nach Veränderung"[7], wüssten sehr genau um ihre
Geschichte und verstünden, dass diese als Motor

---

[6] Ebd., S. 68.
[7] Ebd.

der Entwicklung diene. Das Einmalige, Außerordentliche, der Umschwung, das Werden und Wachsen, aber auch Abstieg und Verschlimmerung seien die typischen Merkmale der Völker mit starkem Geschichtsbezug und vitaler Identität.[8]

1.2.   Ethnie und Raum

Frederick A. Praeger skizziert die Geschichte der autochthonen Balten. Sie bevölkerten den Raum zwischen der Ostseeküste und den Flüssen Weichsel, Memel sowie Düna und lebten sehr verwurzelt, was vor allem in den zahlreichen Volksliedern (min. 500.000) überliefert sei. Die Möglichkeit zum Handeltreiben hätten die Ur-Balten nicht zur Expansion verleitet. Sie seien für sich geblieben und hätten im Rhythmus der Natur gelebt. Kontinuität und Bodenständigkeit seien also zentrale Merkmale. Marija Gimbutas betont ebenfalls die Sonderrolle: „Die baltische Region hebt sich von den von Indoeuropäern besiedelten Gebieten insofern ab, als sich Sprache und Brauchtum in bemerkenswert reiner Form erhalten haben und tradierte kulturelle Eigenarten nicht durch die mannigfachen Völkerverschiebungen und Stammeswanderungen in vor- und frühchristlicher Zeit verfälscht oder gar verdrängt

---

[8] Hier könnte sicher Friedrich Nietzsches (1844-1900) Wiederentdeckung des Dualismus von apollinisch und dionysisch fruchtbar erschlossen werden. Der Hinweis soll aber reichen, denn der Rahmen dieses Essays würde gesprengt.

worden sind, wie es in den meisten Ländern in Mittel-, West- und Südeuropa der Fall war."[9]

Das baltische Volk gehöre zur indoeuropäischen Sprachfamilie und sei aus verschiedenen Stämmen Litauens, Lettlands und Pruszens[10] gebildet. Im Siedlungsraum ließen sich allerdings archäologische Spuren finden, die weit zurück zwischen 15.000-10.000 v. Chr. datierbar seien. Die Esten hätten eine andere Herkunft und teilten auch nicht das gleiche Idiom. Die „Balten" als Stammesbezeichnung sei Mitte des 19. Jahrhunderts eingeführt worden und heutzutage spräche man nur noch Lettisch und Litauisch. Der Autorin ist die Feststellung wichtig, dass die Germanen und Slawen (ab ca. 2.500 v. Chr.) die Balten nicht umgeprägt hätten. Vielmehr wiesen Bezeichnungen von Siedlungen oder Flussläufen auf eine autonome Rolle der Autochthonen hin. Die hohe Zeit der Balten liege allerdings lange zurück. So hätten sie zwischen 100 und 500 n. Chr. durch den Handel mit dem freien Germanien und dem römischen Reich gleichermaßen eine exponierte Stellung erreicht. Vor allem Bernstein sei ein hoch begehrtes Luxusgut gewesen und habe die Ostseeregion reich gemacht, aber auch andere

---

[9] Gimbutas, Marija: Die Balten. Geschichte eines Volkes im Ostseeraum, München/Berlin: Herbig, 1983 [engl. 1963], S. 10.

[10] Auch Westbalten genannt. Ab 1701, dem Gründungsdatum des eigenständigen Königreichs Preußen, wurden die Pruszen von Preußen kolonisiert, vermischten sich und verloren mit der Zeit auch ihre Eigenarten.

Schmuckprodukte aus Bronze, Silber, Glas und Gold.

Um die Völkerpsychologie zu verstehen, ist ein Blick in die Tiefenschichten der Mythen- und Glaubenswelt hilfreich. Der Christengott mit entsprechenden Dogmen kam erst ab dem 13. Jahrhundert über die Balten. Danach wurde der Verehrung von Tieren, Pflanzen und Gewässern, dem Dialog mit den Geistern der Ahnen, dem Glauben an die Wiedergeburt, der Wahrsagung durch männliche wie weibliche Priester oder auch Opferritualen der Garaus gemacht. Die Litauer seien die ersten gewesen, die das Christentum kollektiv angenommen hätten, denn 1387 habe ein Großfürst eine polnische Prinzessin geheiratet und die Konversion sei für den künftigen König von Polen unumgänglich gewesen, so Marija Gimbutas. Im späten Mittelalter taucht also die Zuordnung von Stamm und Territorium auf. Eine Entwicklung, die die Balten von ihrem gemeinsam geteilten Großraum trennt und sukzessive in Staaten überführen wird. Die sozialpolitische Trennung ist allerdings von der der Volksseele zu unterscheiden. Die Balten gehören mentalitätsmäßig zusammen, auch wenn sie ab dem 12. Jahrhundert langsam auseinanderdividiert wurden.

Waldemar Hartmann teilt ab 1940 rückschauend die politisch-territoriale Entwicklung des Baltikums in fünf Phasen ein. Interessant ist sein Buch vor allem, weil 1940 auch das Ende der deutschen Minderheit im Baltikum einläutet. Das Motto „Heim ins Reich" umschrieb seinerzeit eine Umsiedlung der Volksdeutschen, die im vertraulichen Zusatzprotokoll des deutsch-sowjetischen Nichtangriffspaktes von 1939 fixiert wurde. Der Reichsführer-SS Heinrich Himmler zeichnete verantwortlich für die Umsiedlung, in deren Rahmen sich rund 15.000 Deutsche aus Estland und 55.000[11] aus Lettland freiwillig im kurz vorher eroberten „Wathegau" oder „Danzig-Westpreußen" angesiedelt hätten. Interessant hieran ist, dass es kaum eine nennenswerte Präsenz von Deutschen in Litauen gab und deshalb auch keine entsprechenden Verträge mit dem Dritten Reich nötig waren. Ein Sachverhalt, der sich durch die baltische Geschichte zieht, denn ab dem 12. Jahrhundert gingen vornehmlich Deutsche aus der Gegend des heutigen Niedersachsen, Schleswig-Holstein und Westfalen in die Provinzen „Kurland, Livland[12] und Estland". Wiederum unterscheiden sich die Litauer bzw. Litauen also vom Rest der Balten.

---

[11] Die Zahlen weichen von anderen Quellen ab. Vergleiche hierzu: Grabitz, Rosmarie (Hrsg.): Briefe aus einer schweren Zeit 1939-1949, ges. u. übertr. von Hans Weiss im Jahre 1970, Berlin: Simon, 2008. Hier werden für 1940 14.000 Deutsche aus Estland und 52.000 aus Lettland angegeben. 1941 wiederum kamen noch einmal rund 7.000 aus Estland und rund 10.000 aus Lettland. Darunter waren rund 3.000 bis 3.500 Esten und Letten, die der Sowjetisierung entgehen wollten.

[12] Livland umfasste räumlich das heutige Estland und Lettland. Es war die gängig Bezeichnung des Territoriums des Deutschen Ritterordens. Kurland bezeichnet die Westregion Lettlands und ist nach dem Stamm der Kuren benannt.

Doch zurück zu Hartmanns fünf Phasen.[13] Sie dokumentieren anschaulich die sukzessive Eroberung des Siedlungsgebietes durch raumfremde Mächte. Ein Spielball zu sein, musste sich wie ein roter Faden in das kulturelle Gedächtnis der Balten einbrennen. Im 12. Jahrhundert mit der „Aufsegelung Livlands durch lübische [lübecker, CJG] Kaufleute"[14] nahm die Kolonisierung ihren Lauf. Handelsrouten, Stadtgründungen und Kirchenbau hätten die christliche Missionsarbeit begleitet, und erste Konflikte um die Vorherrschaft in der östlichen Ostsee ließen nicht lange auf sich warten. Hartmann fasst die Jahre 1237-1561 als Herrschaftszeitraum des deutschen Ordensstaates zusammen. Mit Litauen habe es immer wieder teils heftige Auseinandersetzungen gegeben und auch mit Russland. Das anbrechende 15. Jahrhundert brächte das Ende, denn mit der polnisch-litauischen Allianz[15] „war ein übermächtiger Gegner erwachsen".[16]

Die Entscheidungsschlacht von Tannenberg am 15. Juli 1410 ist diesbezüglich in die Geschichtsbücher eingegangen. Der deutsche Ritterorden wird an die-

---

[13] Sie sind häufiger Bestandteil der politischen Geschichtsschreibung des Baltikums wenngleich der Handlungsstrang des Buches klar machen soll, dass die Deutschen im Baltikum durch die Zeiten hindurch bedroht waren und die „Heimholung ins Reich" 1940 die beste Lösung sei.

[14] Hartmann, Waldemar: Die Balten und ihre Geschichte, Berlin: Franz Eher Nachf., 1940, S. 11.

[15] 1569 entstand die Republik beider Nationen (Rzeczpospolita), die bis Ende des 18. Jahrhunderts bestand.

[16] Ebd., S. 35.

sem Tage vernichtend geschlagen. Fortan beherrschten die Litauer von der Hauptstadt Wilna aus einen Raum von der Ostsee bis zum Schwarzen Meer, während der kleinere Bündnispartner Polen die Bindung an das Christentum zu sichern gehabt hätte, um den Anschluss an Westeuropa zu halten. Auch Schweden habe, so Hartmann, mit Erfolg versucht, im 16. und 17. Jahrhundert ins Baltikum, vor allem Livland und Kurland, zu expandieren. Die Fehde mit Polen und Russland sei die logische Folge gewesen. Das Zarenreich setzte sich durch und ab 1710 war Kurland unter russischer Verwaltung – bis Ende des 18. Jahrhunderts auch Estland und Livland. Diese Hegemonialmacht hielt sich bis 1919, als die deutschen Freikorps ihre Aktivitäten beendeten.

Im Nachkriegsjahr bekamen neben Litauen auch Estland und Lettland das erste Mal nach rund 800 Jahren die Gelegenheit, eigenständige Nationen auszubilden. Joachim Tauber legt den Finger in die diesbezügliche Wunde, denn gemeinsame Identität wurde diesen Völkern, die aus verschiedenen Stämmen (Pruszen, Kuren, Liven, Litauer, Semgallen, Selen etc.) bestehen, Jahrhunderte vorenthalten: „Dabei wiesen Litauen, Lettland und Estland bis zum Beginn des 20. Jahrhunderts sprachlich, kulturell und historisch wenige Gemeinsamkeiten auf, sieht man einmal von der territorialen Nachbarschaft und der Zugehörigkeit zum russischen Zarenreich ab."[17] Tatsächlich dienten die Balten-Deutschen im Zuge der Nationenbildung im 19. Jahrhundert als das feudalistisch-repressive Fremde, an dem man sich selbst erkennen wollte. Im Zuge des 20. Jahrhunderts bis in die Gegenwart, bedingt durch die extrem negativen Erfahrungen mit der sowjetischen Okkupation und zwei Deportations- und Tötungswellen, gerieten die Russen zum eindeutigen Bestimmungs- und Abgrenzungspunkt. Heute stehen wiederum die Deutschen, nun allerdings positiv, als Referenzpunkt für die europäische Tradition der baltischen Staaten.

---

[17] Tauber, Joachim: Die Geschichte der baltischen Staaten bis 1945, in: Michèle Knodt/Andrejs Urdze (Hrsg.): Die politischen Systeme der baltischen Staaten. Eine Einführung, Wiesbaden: Springer, 2012, S. 17-27, hier S. 17.

2. DAS 20. JAHRHUNDERT – 76 JAHRE KRIEG UND OKKUPATION

Die Erfahrungen des 20. Jahrhunderts können für die baltischen Völker nicht wichtig genug eingeschätzt werden. Den Ersten Weltkrieg noch als Teil des russischen Reiches verbracht, begann die Nachkriegszeit verheißungsvoll mit der Chance, Nationen zu gründen. In der kurzen Zwischenkriegsperiode bis 1939 konsolidierten die Länder sich kulturell, finanziell und wirtschaftlich merklich, was sicherlich den guten Verbindungen nach Deutschland und Skandinavien geschuldet war. Ab 1940 allerdings okkupierte Russland die Territorien – diesbezügliche Interessensphären regelte zuvor ein deutsch-sowjetischer Nichtangriffspakt. Der Vorstoß der deutschen Truppen nach Osten gab den baltischen Ländern wieder Bewegungsfreiheit, freilich gebunden an eine andere Macht. Die zweite sowjetische Okkupation ab 1944 traf Esten, Letten und Litauer hart und dauerte bis 1990 an. Die Traumata gruben sich tief in die jeweilige Völkerpsychologie ein und bestimmen auch die heutige Politik maßgeblich.

2.1 Der Erste Weltkrieg, die Deutschbalten und die Freikorps

Die Soldaten der baltischen Länder kämpften zu Kriegsbeginn auf russischer Seite. Allerdings stand diese Zusammenarbeit auf tönernen Füßen, denn seit dem 19. Jahrhundert erwachte das Nationalbewusstsein der Esten, Letten und Litauer und machte sich auch kurz nach der Jahrhundertwende bemerkbar: „In Riga und Tallin [Reval, CJG] war es zu größeren Streiks gekommen, auf dem Land hatten estnische und lettische Bauern mehrere deutschbaltische Gutshäuser in Brand gesteckt [...] Die radikalste Resolution verlangte außerdem den Sturz des Zaren und die Enteignung des Großgrundbesitzes."[18] Wieder einmal nahm Litauen die Sonderrolle ein, denn ohne deutschbaltische Dominanz, die es etwa zu überwinden gegolten hätte, wendeten sie sich viel früher und vehementer gegen das zaristische Russland, aber auch gegen Polen.

Die Deutschbalten stellten über Jahrhunderte die Oberschicht in Estland und Lettland, begriffen die Autochthonen als Bauern- oder Dienervolk und bezeichneten sie häufig als „Nationale". Ein Begriff, der in diesem Zusammenhang despektierlich gemeint war. Über die Jahrhunderte seit 1701 unter Zar Peter dem Großen hatten die Deutschbalten ein gutes und privilegiertes Verhältnis zur Macht aus dem Osten und zu Kriegsbeginn stellten sie dementsprechend viele Offiziere in der zaristischen Armee – teils mit gemischten Gefühlen, weil es gegen die alte Heimat ging. Das änderte nichts am für Russland negativen Kriegsverlauf.[19] Der Stern der

---

[18] Mörters, Kirsten: Das Baltikum im Ersten Weltkrieg, in: Militärgeschichte. Zeitschr. f. hist. Bildung, Heft 1 (2004), S. 14-19, hier S. 14.

[19] Dem Feldherrenduo Paul von Hindenburg und Erich Ludendorff gelang mit der 8. Armee im August 1914 ein Sieg in Tannenberg. Nach rund 500 Jahren schien die Scharte des deutschen Ritterordens ausgewetzt, so jedenfalls deuteten die

deutschen Minderheit sank weiter im Lauf des Krieges, denn die Ritterschaften Kurland, Livland und Estland verloren ihre Autonomie. Der Wunsch, ins Deutsche Reich eingegliedert zu werden, zerschlug sich schließlich mit der Kapitulation am 11. November 1918. Der Vertrag forderte das Deutsche Reich allerdings auf, die Ostgrenze gegen das nun revolutionäre Russland zu sichern: „Die Deutschbalten dagegen sahen in den Sowjets das größere Übel als in der Unabhängigkeit der baltischen Staaten und schlossen sich dem Kampf gegen die rote Armee an."[20] Die kurze, aber prägende Ära der baltischen Freikorps war eingeläutet.

Das zusammenbrechende Deutsche Reich mit sich bekämpfenden radikalen Linken, Sozialdemokraten, Monarchisten, Bürgerlichen und Nationalen versank nach der Kapitulation im Bürgerkrieg. Es war aber auch im Äußeren bedrängt, denn nicht nur der ehemalige Kriegsgegner Frankreich annektierte Reichsgebiet. Auch Polen agierte äußerst aggressiv in den deutschen Ostprovinzen Posen, Westpreußen und Oberschlesien. Es vertrieb bzw. tötete die ansässigen Deutschen. Weihnachten 1918 beschloss das preußische Kriegsministerium die Aufstellung von Freiwilligenverbänden. Eine Maßnahme, der sich die Übergangsregierung aus SPD, USPD und

---

Deutschen diesen Sieg und fuhren dem Tannberg-Mythos von 1410 (siehe Kap. 1.2) der Litauer und Polen in die Parade. In der Folge besetzten die Deutschen bis Juli 1918 sukzessiv alle baltischen Länder bzw. die damaligen Gebiete Livland, Kurland, Estland, Litauen.

[20] Mörters, Kirsten: Das Baltikum im Ersten Weltkrieg, S. 18.

Oberster Heeresleitung (OHL) anschloss. Die Rekrutierung besorgten oft Kriegshelden, und deren Zielgruppe waren ehemalige Frontsoldaten, Studenten und teils Schüler: „Bis Januar 1919 bestanden bereits über 50, bis Mai 1919 über 120 Freikorps, die insgesamt 200.000 bis 250.000 Mann umfassten."[21]

Es gelang mithilfe der Freikorps, den deutschen Osten zu stabilisieren und Polen zurückzudrängen. Die Alliierten erzwangen allerdings, die polnische Annektierung Posens und Westpreußens zu dulden. Im Baltikum hingegen gab es keinen solchen Interessenskonflikt zwischen Deutschland und dessen ehemaligen Kriegsgegnern, denn die rote Armee sollte an der weiteren Expansion gehindert werden. 40.000 Mann kamen dem Ruf der „Baltischen Werbestelle" nach; nicht wenige im Glauben an die Versprechung, nach dem Sieg Siedlungsland in Lettland zu erhalten.[22] Es gelangen der „Eisernen Division", der „Baltischen Landwehr" und der „1. Garde Reservedivision" dann auch entsprechende Erfolge im späteren Lettland.

---

[21] Bergien, Rüdiger: Republikschützer oder Terroristen? Die Freikorpsbewegung in Deutschland nach dem Ersten Weltkrieg, in: Militärgeschichte. Zeitschr. f. hist. Bildung, Heft 3 (2008), S. 14-17, hier S. 15.

[22] Unter den Freiwilligen fand sich allerdings auch ein großer Anteil Hasardeure und Halbkrimineller, weshalb Übergriffe, Plünderungen und Disziplinlosigkeit den Unmut der Letten wachriefen.

Der „Bolschewistenschreck"[23] General Graf Rüdiger von der Golz (1865-1946), der Befehlshaber der Kurlandfront, über die Lage im Dezember 1918: „[…] der Vormarsch der Bolschewiki in den Randstaaten, Riga, Mitaus Fall, völliges Versagen der Reste der 8. Armee, schwere Gefahr für Ostpreußen"[24]. Er beklagt in seiner Rückschau ebenfalls, dass die Wiedereroberung Kurlands, die Befreiung Rigas und auch generell der aufopferungsvolle Einsatz der Männer in Deutschland nicht genügend gewürdigt wurde. Im Verhältnis zur politischen Führung und auch der Presse seien große Verwerfungen zu verzeichnen gewesen. Major Josef Bischoff (1872-1948), der Kommandeur der „Eisernen Division" beschreibt dieses Gefühl wie folgt: „Aber abgeschnitten von Deutschland, von allen Seiten von Feinden umgeben, wurde die letzte deutsche Front nicht eigentlich besiegt, sondern von der eigenen Heimat ausgehöhlt und dann vom Feind erdrückt."[25]

Auch in Lettland sah man die deutschen Erfolge skeptisch, obwohl man den gleichen Gegner hatte. Es ging eigentlich um die Unabhängigkeit, und die national gesinnten Letten wollten nicht nur den alten Herrscher (Russland) gegen den anderen

---

[23] von der Goltz, Graf Rüdiger: Meine Sendung in Finnland und im Baltikum, Leipzig: Koehler, 1920, S. 123.

[24] Ebd.

[25] Bischoff, Josef: Die letzte Front. Geschichte der Eisernen Division im Baltikum 1919, Berlin: Buch- u. Tiefdruckgesellsch., 1935, S. 19.

(Deutsches Reich) austauschen. Kein Wunder, dass sich die „Schacht bei Wenden" tief in das kulturelle Gedächtnis der Letten und Esten einprägen sollte. Beiden baltischen Truppen gelang es nämlich, zwischen dem 19. und 23. Juni 1919, die Freikorps zu besiegen. Der Einsatz der deutschen Ostkämpfer, die sich selbst auch „Baltikumer" nannten, endete im August 1919. Die deutsche Regierung hatte wiederum dem Drängen der Alliierten, nach Einschätzung Major Bischoffs vor allem Englands, nachgegeben, weshalb jener eine Gehorsamsverweigerung in Kauf nahm und die „Eiserne Division" zunächst nur bis Ostpreußen zurücknahm.

Die Lage im späteren Estland stellte sich anders dar. Im November 1918 sollte die unabhängige estnische Regierung das von den Deutschen besetzte Gebiet übernehmen. Allerdings blieb keine Zeit zur Konsolidierung, denn bereits Ende November griff die Rote Armee Narva an, konnte aber von den abziehenden Deutschen abgewehrt werden. 1.500 Mann bekamen die Esten auf die Schnelle zusammen; in der Hauptsache Paramilitärs. Die anschließende Mobilisierung brachte noch einmal rund 12.000 eigene Soldaten. Die Personallage besserte sich im Dezember mit dem Versprechen, Land zu verteilen. Die drängende Lage führte zu Bündnissen mit den Deutschbalten Estlands und den „Weißen Russen" (zaristische Revolutionsgegner). Eine Koalition, in der allerdings jeder Partner andere Interessen verfolgte. Der kleinste gemeinsame Nenner reichte offenbar aus: die Bekämpfung der Roten Armee. Einem Hilferuf folgten auch Freiwilligenkontingente aus Dänemark, Finnland und Schweden. Die Britten wiederum schirmten Estland seeseitig ab. Nach dem estnisch-lettischen Sieg über die Freikorps bei Wenden, stand der Feind im Osten im Fokus. Tatsächlich gelang es im Februar 1920, einen Friedensvertrag mit Russland zu unterzeichnen. „Freiwillig und für alle Zeiten"[26] wollte die Moskauer Regierung auf alle Gebietsansprüche verzichten. Die Geschichte zeigte freilich anderes.

In Litauen findet sich in den Nachkriegsjahren ein Sammelsurium von Klein- und Kleinsttruppen: „[…] litauische Truppen, Bürgerwehren (Sauliai), deutsche Freikorps, polnische Paramilitärs, revolutionäre und nationalistische Selbstverteidigungseinheiten […]"[27] lagen untereinander in Fehde bzw. mit der Roten Armee. Litauen integrierte die paramilitärischen Verbände später in die staatlichen Verteidigungsstrukturen. Hier zeigt sich eine Traditionslinie, die bis in die Gegenwart reicht. Rein litauische Regimenter waren entstanden im Zuge einer „ethnischen Mobilisierung"[28] der russischen Streitkräfte: „Insgesamt wurden während des Ersten Weltkriegs mehr als 64.000 Litauer in Russlands Armee einge-

---

[26] Brüggemann, Karsten: Kriegsende, Revolutionswirren und Nationalstaatsbildung in Estland, in: Militärgeschichte. Zeitschr. f. hist. Bildung, Heft 1 (2004), S. 20-23, hier S. 23.

[27] Balkelis, Tomas: Demobilisierung, Remobilisierung: paramilitärische Verbände in Litauen 1918-1920, in: Osteuropa. Interdiszipl. Monatszeitschr. z. Analyse von Politik, Wirtschaft, Gesellsch., Kultur u. Zeitgesch. in Osteurop., Ostmitteleurop., und Südosteurop., Heft 2-4 (2014), S. 197-220, hier S. 219.

[28] Ebd., S. 200.

zogen. Davon fielen 11.000 im Kampf, 15.000 gerieten in deutsche Gefangenschaft. 1917 dienten nur noch etwa 30.000 Litauer in der zaristischen Armee. Aus 3.000 von ihnen wurden separate ethnisch litauische Einheiten gebildet."[29]

Eine deutlich kleinere Rolle als in Lettland spielt ein deutsches Freikorps. 4.000 Männer unter General von Eberhardt[30] (1862-1944) stellten die „Königlich Sächsische Landwehr-Division", die teils einen zweifelhaften Eindruck hinterließ. Litauische Offiziere begrüßten die deutschen Verbündeten, wenngleich die Beurteilung der Kampfkraft differierte. Bis zum Sommer 1919 spannte sich das Verhältnis immer mehr, und das Freikorps musste das Land verlassen. Ein Teil ging nach Preußen und ein weiterer schloss sich den lettischen Freikorps an. Zur Ruhe sollte Litauen aber bis 1990 nicht kommen, denn Grenzstreitigkeiten bzw. Minderheitenpolitik führten 1920 zum Polnisch-Litauischen Krieg, in dessen Zuge Polen das Gebiet um Wilna annektierte. 1923 wiederum nahm sich Litauen das Memelland.[31] Später geriet es bekanntlich unter deutsche

---

[29] Ebd., S. 199.

[30] Er hatte zuvor General Graf Rüdiger von der Goltz als Befehlshaber über die baltischen Freikorps abgelöst.

[31] Mit den polnisch-litauischen Beziehungen steht es auch in der Gegenwart nicht zum Besten. Vergl. hierzu: Fuksiewicz, Aleksander: Die gegenseitige Wahrnehmung von Polen und Litauern, URL: http://www.bpb.de/internationales/europa/polen/163603/analyse-die-gegenseitige-wahrnehmung-von-polen-undlitauern [Zugriff am 23.08.2016]

und russische Annexion. Insgesamt also eine verzwickte Lage im Baltikum, die sich bis zum Beginn des Zweiten Weltkrieges nicht lösen sollte: „Während Estland vor allem in der Sowjetunion eine potentiell aggressive Macht sah, unterhielt Kaunas außergewöhnlich gute Beziehungen zu Moskau. Vice versa galt Estland als der „polnische Freund" unter den Balten, was dem Grundkonsens der litauischen antipolnischen Politik diametral entgegenstand. Und die Letten fühlten sich sowohl von Moskau als auch Berlin bedroht."[32]

2.2 Der Zweite Weltkrieg. Kampf gegen die Sowjetunion

Im deutsch-sowjetischen Nichtangriffspakt, der am 23. August 1939 unterzeichnet worden war, galten die baltischen Länder als Einflusssphäre Moskaus. Es dauerte auch nur einen Monat, bis der Zugriff erfolgte. Zunächst musste Estland der Einrichtung von Militärbasen zustimmen und auch einer sowjetischen Truppenmassierung an den Grenzen zusehen: „Bis zum Oktober 1939 standen Estland und Lettland 437.235 Soldaten, 2.635 Geschütze und 3.052 Panzer gegenüber."[33] Der „Pakt über gegenseitige Hilfeleistung" kam vor diesem Hintergrund zügig zum Abschluss. Die estnische Unabhängigkeit war

---

[32] Tauber, Joachim: Die Geschichte der baltischen Staaten bis 1945, S. 23.

[33] Laar, Mart: Die baltischen Staaten, in: Günter Buchstab/Rudolf Uertz (Hrsg.): Geschichtsbilder in Europa, Freiburg: Herder, 2009, S. 289-310, hier S. 299

dahingegangen und es folgen nach dem gleichen Muster auch Verträge mit Lettland und Litauen.[34] 1940 gliederte Moskau mit sanfter und auch direkter Gewalt sukzessive die wehrlosen baltischen Länder in die Sowjetunion ein – mit allen Konsequenzen. Am 17. Juni 1940 war dieser Prozess abgeschlossen und entsprechende Vasallenregime installiert. Das Netz aus örtlichen Kommunisten und NKWD[35] inszenierte die freiwilligen Beitritte und begleitete auch Wahlen zur Staatsversammlung. Bereits am 6. August waren Estland, Lettland und Litauen amtliche Sowjetrepubliken geworden. Die Umformung zum „Neuen Menschen" ließ nicht lange auf sich warten. Deportationen, Erschießungen, Zerstörung der Wirtschaftsinfrastruktur und die Ausmerzung konterrevolutionärer Lebensart forderten 1940/41 die Deportation und teils Exekution Zehntausender: „In der Nacht vom 13. auf den 14. Juni brach denn das Grauen unterschiedslos über alle Konfessionen, sozialen Schichten, politische Lager und Berufsgruppen herein. Allein in dieser einen Nacht wurden in Litauen 21.000, in Lettland 15.000 und in Estland 11.000 Menschen verhaftet und in die sowjetischen

---

[34] Nur die Finnen widerstanden und waren prompt die ersten, die mit der sowjetischen Kriegsmaschine in Berührung kamen. Im Winterkrieg 1939/40 konnten sie allerdings ihre Unabhängigkeit behaupten.

[35] Deutsche Übersetzung: Volkskommissariat für Innere Angelegenheiten.

Lager gebracht – jeweils nahezu ein Prozent der Bevölkerung."[36]

Obwohl die Balten in Teilen auch in der russischen Armee kämpften, zeigte der Einsatz auf finnischer und vor allem deutscher Seite – in Wehrmacht, Polizei und Waffen-SS – die Entschlossenheit, die Sowjets zu bekämpfen. Hinzu kam der Widerstand kleiner Bürgerwehren. Deren rapides Aufwachsen ist am Ende der ersten sowjetischen Okkupation zu beobachten, wenngleich es Vorläufer ja bereits in den Nachkriegswirren 1918-1920 (s. o.) gegeben hatte. Die „Litauische Aktivistenfront", lettische „Selbstschutzkräfte" oder estnische „Waldbrüder", alle standen auf, um die nationale Selbstbestimmung zu verteidigen. Ein Wunsch, von dem geglaubt wurde, dass er mit den vorrückenden Deutschen zu erreichen war: „Vom Großvater bis zum halbwüchsigen Enkel zogen ganze Dorfgemeinschaften in den Kampf, oft mit nicht mehr als Jagdflinten bewaffnet."[37] Litauischen Freischärlern gelang es sogar, am 23. Juni die Rote Armee aus Kaunas zu vertreiben. Sie proklamierten im Anschluss die Unabhängigkeit. Die estnischen „Uluots"[38] taten es gleich, wenngleich beide Initiativen unbeantwortet blieben. Die Armee- und Reichsführung hatte andere Pläne mit den baltischen Ländern.

---

[36] Graw, Ansgar: Der Freiheitskampf im Baltikum, Erlangen/Bonn/Wien: Straube, 1991, S. 127.

[37] Ebd., S. 131.

[38] Freischärler und Anhänger des estnischen Ministerpräsidenten Jüri Ulutos (1890-1945)

Wie bereits im Ersten Weltkrieg standen ab dem Sommer 1941 die baltischen Länder also unter deutscher Kontrolle.[39] Quer durch die Dienstgrade waren viele gepresste Rotarmisten bei Beginn der „Operation Barbarossa" zur Wehrmacht übergelaufen und später in die Waffen-SS integriert worden. Der Kampfeswille gegen Stalins Russland war groß und entsprechend hoch auch die Rekrutierungsquote Einheimischer:[40] „Immerhin kämpften allein in der Waffen-SS 35.000 Letten, 25.000 Esten und 4.000 Litauer".[41] Die Verbände bezeugten hohe Kampfmoral. Flexibilität, Kreativität, Improvisationsfähigkeit und Durchhaltewillen waren die Folgen, wie Mikrostudien baltischer Soldaten[42] – quer

---

[39] Den Balten ging es relativ gut dabei, den Juden hingegen an den Kragen. Ein Umstand, der den Esten, Letten und Litauern keine Sorge bereitete, hielt sich doch deren Sympathie für die Hebräer in engen Grenzen. Dieses Thema (Schutzmannschaften etc.) sprengt den Rahmen und wird in diesem Essay nicht weiter vertieft.

[40] Vgl. hierzu: Kommando Heer: Führungsreise 2016. Die Militärgeschichte des Baltikums im 20. Jahrhundert im Überblick, Strausberg: Selbstverlag, 2016, S. 35-44, hier S. 36-37. Die Autoren geben 37.000 Litauer an, die in Wehrmacht und anderen deutschen Organisationen arbeiteten. Zwischen 110.000-160.000 Letten dienten in Polizei, Wehrmacht und SS. Esten zog es 70.000 auf die deutsche Seite.

[41] Graw, Ansgar: Der Freiheitskampf im Baltikum, S. 135.

[42] Vergl. hierzu: van Bune, Henrik: Zwischen den Fronten. Balten in der Waffen-SS, in: Militär u. Geschichte. Bilder, Tatsachen, Hintergründe, Heft 4 (2016), S. 22-29. Im Text wird u. a. Alfons Rebane (1908-1976) vorgestellt. Er war der bekannteste Este in den deutschen Truppen. Zunächst 1940 als „Waldbruder" im Abwehrkampf gegen die Sowjets, ging er

durch alle Dienstgrade – zeigen. Litauen stellte sich allerdings nicht so einfach unter deutsche Kontrolle, so liefen die Rekrutierungsversuche schlecht und es scheiterte auch die Aufstellung der geplanten „Sonderverbände" ab 1944 – vor allem an der wiederholten Befehlsverweigerung des kommandierenden Generals Povilas Plechavicius (1890-1973). Nach deren Auflösung gingen dessen Männer: „[…] als antisowjetische Guerilla in den Untergrund – man nannte sich „Waldbrüder". Viele litauische Nationalisten sahen sich als Gegner der Sowjets und des Dritten Reiches."[43] Ab 1944 wendete sich das Kriegsblatt auch in den baltischen Ländern. Die deutschen Truppen und ihre Verbündeten konnten die Räume nicht mehr halten und zogen sich zurück. Bemerkenswert ist, dass Balten, die in finnischen Diensten gestanden hatten, in ihre Heimat zurückkehrten, um mitzukämpfen. Die „20. Waffen-Grenadier-Division der SS (estnische Nr. 1)" wich zusammen mit der „Heeresgruppe Nord" ab September 1944 nach Ostpreußen aus und kapitulierte schließlich am 8. Mai in der Nähe von Prag.

1941 zur Wehrmacht und wechselte 1944 in die Waffen-SS. Der „estnische Rommel" erhielt als einer von zwei Nichtdeutschen das Eichenlaub zum Ritterkreuz. Der antisowjetische Kampf endete für ihn nicht mit dem 8. Mai 1945, denn er ging ab 1947 zum britischen „MI 6", um in Estland Geheimoperationen zu leiten. Rebane mag ein weiteres Zeichen für den unbedingten Kampfwillen der Balten sein, ihre Länder zu schützen.

[43] Ebd., S. 28.

2.3   1944-1990. Die zweite sowjetische Okkupation

Nach Abzug der Wehrmacht blieben rund 2.000 Freischärler zurück, die sich verbissen gegen das Unvermeidliche stemmten. Die paramilitärischen Gruppen leisteten zu Beginn der zweiten sowjetischen Besetzung ab 1944 bis zum Tode Stalins 1953 erneut offenen und zähen Widerstand: „Es gab mehr als 70.000 Partisanen in Litauen, 40.000 in Lettland und 30.000 in Estland. Leider war der Westen nicht daran interessiert, die Balten zu unterstützen."[44] Die Waldbrüder leben – ganz in Partisanenmanier – entweder untergetaucht in den großen Wäldern oder auf verlassenen Bauernhöfen. Sie führten teils auch unauffällige bäuerliche Existenzen. Zu den bewaffneten Patrioten gesellten sich mit der Zeit: „[…] russische Deserteure, entlaufene deutsche Kriegsgefangene oder versprengte Reste der Wehrmacht".[45] Die Bevölkerung unterstützte die Männer, gab ihnen zu essen, Kleidung und Unterschlupf. Die Waldbrüder waren effizient wie entschlossen, so konnte sich die Besatzungsmacht erst Mitte der 1950 Jahre aus den Städten herauswagen und es kam sogar zu offenen Feldschlachten, in deren Verlauf bis zu 2.000 Mann kämpften: „Aber auch in den [19, CJG]60er Jahren durchstreiften noch kleine Gruppen von Bewaffneten und Einzelkämpfern die baltischen Wälder."[46] Während in Est-

---

[44] Laar, Mart: Die baltischen Staaten, S. 306.

[45] Graw, Ansgar: Der Freiheitskampf im Baltikum, S. 138.

[46] Ebd.

land und Lettland kleine autonome Gruppen agierten, hatten die Litauer die am besten organisierten Waldbrüder. Sie verfügten über Uniformen, ein Hauptquartier in Wilna und bildeten ihren Führernachwuchs militärisch aus. Ihre Erfolge im Kampf sprechen für sich, so töteten sie zwischen 1945 und 1949 rund 80.000 NKWD-Angehörige. Der letzte Waldbruder wurde Ende der 1970er Jahre erschossen. Sein (Ab-)Leben zeugt von der Unerbittlichkeit des baltischen Menschenschlages in Zeiten existentieller Bedrohung und ist absolut mythentauglich: „Sabe lebte 38 Jahre im Wald im Süden Estlands. Er kämpfte seit 1940, erst gegen die Roten, dann gegen die Nazis, danach wieder gegen die Roten. 1978 spürten ihn Milizionäre auf. Er war gerade mit einem Fischerboot auf dem See unterwegs. Er wollte sich nicht ergeben und zog die Pistole, doch sie funktionierte nicht. Als die Milizionäre schossen, sprang er ins Wasser. Er wollte in die Wälder flüchten, aber er ertrank."[47]

Die Sowjets annektierten nun also zum zweiten Mal die baltischen Länder. Und nun traf es die Einheimischen mit noch größerer Wucht als drei Jahre zuvor, wie die Zahlen aus Litauen zeigen: „[...] Massendeportationen: 1944, 1945, 1946, 1947, 1948, 1949 sogar zweimal. Allein am 22. Mai 1948 wurden über 100.000 Menschen der bäuerlichen Bevölkerung verhaftet und deportiert. Die Deportationen vom 24. bis 27. März 1949 richteten sich hauptsächlich gegen die städtische Bevölkerung [...] Man

---

[47] Ebd., S. 139.

rechnet die Zahl der in den ersten fünf Nachkriegsjahren Deportierten insgesamt auf etwa 570.000."[48]
Die estnischen Verluste ab Beginn der zweiten sowjetischen Okkupation liegen laut „Weißbuch einer
parlamentarischen Kommission" bis zur Autonomie
1990 bei 180.000 Personen. Die Letten hingegen
hatten bis 1953 120.000 Landsleute[49] zu beklagen,
die getötet, inhaftiert oder deportiert worden waren.

Auch nach Stalins Tod endete die Repression nicht,
denn die weitere „Sowjetisierung" mittels planmäßi-
ger Ansiedlung ethnischer Russen begann. Sie arbeiteten in Schlüsselstellungen der Verwaltung, des
Militärs, des Handels und der Infrastruktur, so wurden die Häfen nahezu ausschließlich von ethnischen
Russen betrieben und ebenso das einzige baltische
Atomkraftwerk „Ignalina" in Litauen. So kam es,
wie es kommen musste: Lettland zählte 1994 nur
noch 54 % Autochthone. Daneben 33 % Russen,
4 % Weißrussen, 3 % Ukrainer, 2,2 % Polen und
1,3 % Litauer.[50] Aktuell stellt sich die Lage wie folgt
dar: 62 % Letten, 27 % Russen, 11 % andere.[51] Er-

---

[48] Vaisnoras, Vytautas: Massendeportationen und bewaffneter
Widerstand. Die Litauische Tragödie, in: Andrejs Urdze
(Hrsg.): Der baltische Weg. Das Ende des Sowjet-
kommunismus, Reinbeck: Rowohlt, 1991, S. 47-55, hier S. 50.

[49] Universität Koblenz: Landeskunde, Geschichte Lettlands,
URL: https://www.uni-koblenz.de/~ist/ewis/lvlkgesch.html
[Zugriff am 21.09.2016]

[50] Ebd.

[51] Auswärtiges Amt, Länderinformationen Lettland, URL:

wähnt werden sollte, dass Russen der Status der „Nichtbürger" zugewiesen wird, denn Lette ist nur der, der vor 1940 auf lettischem Boden geboren wurde.

Auch bei den Esten zeigte über die Jahrzehnte eine „Politik mit Gebärmüttern" ihre Auswirkungen: „Machten die Esten im Jahr 1945 noch 88 bis 90 % der Bevölkerung des Landes aus, so sank diese Zahl bis zum Jahr 1989 auf etwa 61,5 %. Die Esten waren so im Begriff, zur Minderheit in ihrem eigenen Land zu werden."[52] Die „Botschaft von Estland in Berlin" gibt für 2009 mit 68,6 % Esten eine leichte Erholung an. Allerdings gibt es auch 25,6 % Russen, 2,1 % Ukrainer, 1,2 % Weißrussen und 0,8 % Finnen.[53] Wie so oft, lief es in Litauen anders, so standen 1923 80,6 % Autochthone nur 2,3 % Russen im eigenen Land gegenüber. 1989 war die Zahl fast gleich geblieben, denn Litauer gab es 79,6 %. Der Russenanteil allerdings war gestiegen auf 9,4 %.[54] Aktuelle Zahlen stellt das deutsche „Auswärtige

---

https://www.auswaertiges-amt.de/DE/Aussenpolitik/Laender/Laenderinfos/01-Laender/Lettland.html [Zugriff am 21.09.2016]

[52] Laar, Mart: Die baltischen Staaten, S. 307.

[53] Botschaft von Estland aus Berlin, Die Bevölkerung Estlands und die nationalen Beziehungen, URL: http://www.estemb.de/estland/bevolkerung [Zugriff am 21.09.2016]

[54] Urdze, Andrejs (Hrsg.): Der baltische Weg, Baltisches Jahrbuch 1989, S. 155.

Amt"[55] zur Verfügung: 86,7 % Litauer, 5,6 % Polen, 4,8 % Russen und 1,3% Weißrussen.

Einen Einblick in die Auswirkungen des sowjetisierten Alltags gibt Andrejs Urdze. So habe es überproportionierte Industrieanlagen, z. B. die größte Eisenbahnwaggonfabrik, gegeben, wobei gleichzeitig Mangel an Konsumgütern- und Nahrungsmitteln geherrscht hätte und eine massive Umweltzerstörung betrieben worden wäre: „Auf dem Lande wurden gewachsene Lebensformen und Siedlungsstrukturen durch die Zwangskollektivierung zerstört und die florierenden Agrarländer der Vorkriegszeit um Jahrzehnte zurückgeworfen."[56] 90 % aller Betriebe wären aus Moskaus „Allunionsministerium" gesteuert worden und man habe in einer „Atmosphäre der Verlogenheit" leben müssen. Die baltischen Sowjetrepubliken hätten die Merkmale von Kolonien getragen mit folgenden Kennzeichen: fremde Militärpräsenz, eigene Eliten durch fremde ersetzt, natürliche Ressourcen ausgebeutet, gewachsene soziale Infrastruktur zerstört, Landessprache verdrängt, Religionsausübung verhindert, Profite abgezogen und nicht reinvestiert. Auch die deutsche Zeitschrift „Der Spiegel" schrieb bereits 1948 lapidar: „Wirtschaftlich ist das Baltikum zu einer Werkstatt der

---

[55] Auswärtiges Amt, Länderinformationen Litauen, URL: http://www.auswaertiges-amt.de/DE/Aussenpolitik/Laender/Laenderinfos/01-Nodes_Uebersichtsseiten/Litauen_node.html [Zugriff am 21.09.2016]

[56] Urdze, Andrejs: Ein Kolonialreich vor der Auflösung, in: Ders. (Hrsg.): Der baltische Weg, S. 13-35, hier S. 20.

SU geworden. Estlands Braunkohle, Oel, Gas und Benzin müssen Leningrad und die russische Ostseeflotte versorgen. Auch aller andere Export fließt fast ausschließlich nach Rußland."[57] Es schien sich nicht viel daran geändert zu haben bis zum Frühling 1990 – da nämlich war der sowjetische Spuk für die Balten vorbei.

---

[57] Ohne Autorenangabe.: Die Werkstatt der Sowjetunion. Mit 53 Ministerien, in: Der Spiegel, Heft 24 (1948), S. 12, URL: http://www.spiegel.de/spiegel/print/d-44416942.html [Zugriff am 21.09.2016]

3. HYBRIDER KRIEG IN ESTLAND, LETTLAND, LITAUEN

> *„Das Gedächtnis rekonstruiert nicht nur die Vergangenheit, es organisiert auch die Erfahrung der Gegenwart und Zukunft."*[58]

Hybriden Strategien und Praktiken geht das Auffinden von Schwachstellen voraus. Schwachstellen, die dann vom jeweiligen Gegner in mannigfaltiger Weise traktiert werden. Herfried Münkler befasste sich bereits 2002[59] mit der Unübersichtlichkeit der neueren Konflikte. Unterschiedliche Gewaltakteure erzeugten ein „diffuses Gemisch, [...] das von Interventionskräften mit dem Mandat internationaler Organisationen bis zu lokalen Warlords reicht."[60] Eine klare Trennung von Staaten- und Bürgerkrieg falle schwer. Die Akteure bezögen Zivilsten, etwa zur Versorgung, bewusst ein, bekämpfen diese jedoch gleichzeitig. Getarnte Kämpfer konterkarierten Kriegsrechtsordnungen, denn „[...] die Unterscheidung zwischen Kombattanten und Nicht-Kom-

---

[58] Assmann, Jan: Das kulturelle Gedächtnis, S. 42.

[59] Gemeinhin wird dieser Begriff das erste Mal identifiziert ab 2006 im US-amerikanischen Diskurs.

[60] Münkler, Herfried: Die neuen Kriege, in: Der Bürger im Staat, hrsg. v. d. Landesz. f. pol. Bildung Baden-Württemberg, Heft 4 (2004), S. 179-184, hier S. 180.

battanten, ist damit hinfällig geworden."[61] Im weiteren Lauf analysiert Münkler die Rückkehr zu Kriegsformen, in denen der Staat nicht mehr alleinig wirke. Er habe seine mit dem Aufbrechen der Moderne um 1500 sukzessive gewonnene Monopolstellung verloren und mittlerweile sei die Symmetrie – Staat gegen Staat, Armee gegen Armee – einer Asymmetrie gewichen. Auch eine Folge der Globalisierung, denn das rechtlich geordnete Kriegsmodell sei auf das Engste verwoben mit dem Verständnis europäischen Staatswesens. Er sieht künftig drei Konfliktszenarien, den Ressourcen-, Pazifizierungs- und den Verwüstungskrieg gegen den Norden. Letzterer ist für diese Betrachtung interessant, denn Münkler zeigt Schwächen der Wohlstandszonen auf: „Was sie aber eigentlich angreifen, ist die labile psychische Infrastruktur vor allem der westlichen Welt, über die sie den politischen Willen des angegriffenen Landes ermatten und erschöpfen wollen."[62]

Kontrahenten werden auch nichtmilitärische Mittel und Wirkweisen kalkulieren bzw. einsetzen. Eine wichtige Erkenntnis, die sich zu einer weiteren gesellen muss: Hybrider Krieg findet auch in den Köpfen statt. Uwe Hartmann entfaltet diesen Gedanken und beschreibt die intellektuelle Herausforderung, in einem solchen Konflikt zu bestehen: „Die Analyse der hybriden Kriegsführung eines potentiellen Gegners ist daher alle andere als trivial. Sie setzt eine Auseinandersetzung mit den eignen

---

[61] Ebd.

[62] Ebd., S. 184.

Defiziten und Brüchen in Staat und Gesellschaft voraus."[63] Neben einer nötigen Fähigkeit zur Selbstkritik argumentiert Hartmann wie zuvor bei Münklers Verwüstungskrieg, dass das Ziel hybrider Strategie nicht die schnelle Niederwerfung des Gegners sei, sondern langsame Abnutzung und Zermürbung. Ein Gegensatz zu rein militärischen Prämissen, wie er größer kaum ausfallen könnte. Die Frage, ob hybrider Krieg nur ein neuer Begriff eines altbekannten Phänomens (etwa Partisanen- oder Guerillakrieg, nichtlineare bzw. asymmetrische Konflikte) sei, spiele nicht die Hauptrolle, denn es komme darauf an, das Verständnis dafür zu schärfen, dass ressortübergreifend und komplexitätsbewusst gedacht und gehandelt werden müsse: „Die zentrale Frage lautet: Wie kann ich den offensiven hybriden Aktivitäten eines Gegners eine Komplexität entgegenstellen, die es mir erlaubt, ihm schnellstmöglich die Initiative zu entreißen?"[64]

Das Konzept der vernetzten Sicherheit könne einer hybriden Bedrohung begegnen, allerdings nur, wenn Soldaten, zivile und politische Führungskräfte vertrauensvoll zusammenarbeiteten. Flexibles Denken sei dafür nötig und umfassender Bildungsstand, damit die zu erwartende Desinformation und Propaganda nicht verfange. Ein hoher Anspruch, der

---

[63] Hartmann, Uwe: Hybrider Krieg als neue Bedrohung von Freiheit und Frieden. Zur Relevanz der Inneren Führung in Politik, Gesellschaft und Streitkräften, Berlin: Miles, 2015, S. 21.
[64] Ebd., S. 34.

tief in das Verständnis von Truppenführern eingreift. Den Krieg nicht mehr nur militärisch zu begreifen, gleichzeitig aber als Soldat zu handeln, erfordert auch, die Expertise von Nicht-Soldaten zu akzeptieren. Oft wird der Begriff „Orchestrierung" dafür genutzt. Der Truppenführer bekommt ein deutlich gewachsenes Orchester. Eines, das auch andere Instrumente nutzt und entsprechend neue Töne hervorbringt. Die Kunst dürfte sein, aus der Kako- eine Symphonie zu machen.[65] Auch abseits militärischer Betrachtung müssten hybrid Attackierte – etwa Energienetz-Betreiber – ebenfalls militärisch denken und z. B. auf die Idee kommen, dass ein lapidarer Stromausfall ggf. einen Angriff darstellt.

Die westlich getriebenen Diskurse kranken zumeist daran, dass die russische Perspektive auf die hybride Kriegsführung fehlt bzw. in Feind-Schablonen abgehandelt wird. Daher lohnt ein Blick auf die sog. „Gerassimow-Doktrin", die 2013 vom russischen Generalstabschef im „Militärindustrie-Kurier" veröffentlicht worden war.[66] Valery Gerassimow kons-

---

[65] Vergleiche hierzu Wassermann, Felix: Asymmetrische Kriege: Eine politiktheoretische Untersuchung zur Kriegführung im 21. Jahrhundert, Frankfurt/M.: Campus, 2015. Der Autor schildert in seinem Buch im Kapitel 10 „Gesetze des Dschungels: Erfordernisse der asymmetrischen Kriegsführung" Praktiken, mit deren Hilfe sich Asymmetrie produktiv nutzen lässt – z. B. "Denke viel – und anders!, Seh das Ganze!, Nutze Hebel!, Meide – und nutze – Fesseln!, Sorge dich um deinen Ruf!, Sei biegsam!".
[66] Gerassimow-Doktrin, URL:

tatiert, dass im 21. Jahrhundert Kriege nicht mehr erklärt würden und betrachtet die Wirkweisen und Ergebnisse des sog. „Arabischen Frühlings"[67] als vergleichbar mit denen eines althergebrachten Krieges. Nicht-militärische Mittel verfügten mittlerweile über ein Potential, das die Wirkung und Durchschlagskraft von Waffen übersteige: „Der Schwerpunkt der angewandten Methoden in einem Konflikt hat sich verlagert in Richtung einer breiten Anwendung politischer, wirtschaftlicher, informeller, humanitärer und anderer nichtmilitärischer Maßnahmen – abgestimmt auf das Protestpotential in der Bevölkerung. All dies wird unterstützt mit

---

http://vpk-news.ru/sites/default/files/pdf/VPK_08_476.pdf [Zugriff am 18.03.2017], deutsche Übersetzung entnommen aus: Galeotti, Mark: Die „Gerassimow-Doktrin" und Russlands nicht-linearer Krieg, URL:
https://informnapalm.org/de/mark-galeotti-die-gerassimow-doktrin-und-russlands-nicht-linearer-krieg
[Zugriff am 18.03.2017]. Freilich stellt sich hier die Frage nach der Quelle "Informnapalm". Der Leser möge sich mit kritischer Distanz fragen, ob diese Internetseite möglicherweise auch Teil einer Desinformationsstrategie sein könnte. Weiter sei der Leser angehalten, die Übersetzung ins Deutsche zu hinterfragen. Hier hilft der erste Verweis dieser Fußnote, der die Originalquelle ansteuert.
[67] Schwerpunktmäßig in 2010 hatte es in nahezu allen Anrainern der afrikanischen Mittelmeerküste inkl. Küstenländern des Nahen Ostens und der Arabischen Halbinsel verschiedenste Varianten von Protesten bzw. Aufständen gegen die jeweiligen Regierungen gegeben. Die Mobilisierung der Massen geschah großenteils mithilfe sozialer Medien und hier zeigte sich auch die Möglichkeit zur umfassenden Beeinflussung durch raumfremde Mächte auf.

militärischen Mitteln verdeckter Art, einschließlich der Durchführung von Maßnahmen des Cyber-Krieges und der Aktionen von Sondereinsatzkräften."[68] In der Folge fragt sich Gerassimow, welche Konsequenzen die beobachteten Sachverhalte auf die Gestaltung und Entwicklung der eigenen Streitkräfte habe. In seinen diesbezüglichen Überlegungen spielen gestiegene Dynamiken eine wichtige Rolle. „Kontaktfreie Operationen über große Entfernung"[69] gerieten zum wichtigsten Mittel und es gäbe nun keine Unterscheidungen mehr zwischen strategischer, operativer und taktischer Aktivität bzw. auch nicht zwischen offensiv und defensiv. Hier von einem Paradigmenwechsel zu sprechen, scheint untertrieben, denn der Russe ist offenbar willens, den bis dato bekannten Krieg auf den Kopf zu stellen.

In der Folge zählt der Generalstabschef verschiedene Beispiele auf, in denen die USA ab 1991 ähnlich agiert hätten und rät zu einer militärwissenschaftlichen Forschung, um das Verständnis asymmetrischer Kriegsformen zu vertiefen. Diesen Aspekt unterstreicht er gegen Ende noch einmal deutlich. Es mag zeigen, wie wichtig Gerassimow die intellektuelle bzw. akademische Durchdringung nichtlinearer Konfliktszenarien ist. Der Krieg findet auch im russischen Verständnis im Informationsraum und zugehörig in den Köpfen statt – und zwar in Vorbereitung, Durchführung und Abwehr. Die Er-

---

[68] Ebd.
[69] Ebd.

fahrungen während des „Arabischen Frühlings" hätten gezeigt, wie perfektionierte Formen der Vernetzung asymmetrische Möglichkeiten erschließen könnten und entsprechend Bevölkerungen wie auch Staatsführungen beeinflussbar mache: „Es ist notwendig, die Aktivitäten im Informationsraum zu perfektionieren, einschließlich der Verteidigung unserer eigenen Objekte"[70], so der Generalstabschef weiter, bevor er gegen Ende empfiehlt, ein „[…] gemeinsames Team der Forschungseinrichtungen und der relevanten, für solche Angelegenheiten zuständigen, Ministerien und Behörden"[71] zu bilden. Wo ist nun aber der Unterschied zu Münklers Globalanalyse oder auch Hartmanns Forderung, nach Komplexitätsbewältigung mittels flexiblen Denkens? Schwerlich auszumachen, denn es scheint, dass die russische Seite 2013 ebenfalls die Suche nach Strategien für Kriege im 21. Jahrhundert dokumentierte.

3.1 Schwachstellen

Kommen wir zu den baltischen Ländern. Werden sie nichtlinear bzw. hybrid attackiert, dann in ihren Schwachstellen. Das widerspiegelt die innere Logik hybrider Aktivität. Die große Zahl ethnischer Russen im eigenen Land stellt ganz sicher eine Schwachstelle dar. In einem Text über Minderheitenintegration in den baltischen Staaten dokumen-

---

[70] Ebd.

[71] Ebd.

tiert Ada-Charlotte Regelmann zunächst die großen Anteile ethnischer Russen und zeigt auch deren sukzessives Aufwachsen durch gezielte Ansiedlung nach dem II. Weltkrieg auf. Gegen Ende des Aufsatzes konstatiert sie, dass es den örtlichen Regierungen auch nach 25 Jahren der Unabhängigkeit nicht gelungen sei, das Misstrauen zwischen Mehrheits- und Minderheitsbevölkerungen zu überwinden. Die Ungleichheit der Gruppen habe sich verfestigt und zur Abkopplung in Bildung, Arbeit, Politik und Medienkonsum geführt. Aus diesen sicherlich zutreffenden Analysen zieht Regelmann gegen Ende allerdings den Schluss, wonach es wichtig wäre, „[…] dass historische Erinnerungen und Wunschbilder nicht länger die gegenwärtigen gesellschaftlichen Herausforderungen überlagern."[72] Sie hält die „de facto ethnonationale Konzeption der baltischen Demokratien"[73] für einen Fehler und zeigt damit ein profundes Unverständnis in Bezug auf die kulturellen Gedächtnisse dieser Völker. Es prallt eine identitätsarme, wenn nicht identitätslose Sichtweise auf die gelebte, gefühlte, präsente Gegenwart der Autochthonen und es wird deutlich, dass die Autorin selbst ein Wunschbild verfolgt.

Um im eingangs erörterten Dualismus des Claude Lévi-Strauss zu bleiben, steht Regelmann für die

---

[72] Regelmann, Ada-Charlotte: Minderheitenintegration in den baltischen Staaten, in: Zeitschrift der Bundeszentrale für politische Bildung, Aus Politik und Zeitgeschichte. Estland, Lettland, Litauen, Heft 8 (2017), S. 21-27, hier S. 27.
[73] Ebd.

kalte, technokratisch-distanzierte Sichtweise. Sie fordert dazu auf zu verdrängen und sieht die Lösung der Probleme offenbar darin, gewachsene Völker geistig-mental-charakterlich zu neutralisieren. Eine solche Sichtweise kann schwerlich dazu beitragen, das Verhältnis zu den Minderheiten zu verbessern. Und sie widerspiegelt ebenfalls nur gering die Fähigkeit, Komplexität zuzulassen. Im Gegenteil wird versucht, aus einer komplexen eine lediglich komplizierte Situation zu machen und hierin öffnen sich neue Tore für Strategien hybrider Kriegsführung. Z. B. könnte es einer Partei gelingen, die Gefahr der Identitätszersetzung durch „westlichen" Einfluss zu thematisieren und auf diese Weise einen Keil in die Phalanx zu treiben. Einen, der nicht von oben nach unten wirkt, sondern von unten nach oben. „Vergesst, wer ihr seid", mag bei Teilen globalisierter Gesellschaften mittlerweile verfangen, in Mittel und Osteuropa ist man mehrheitlich weit weg von dieser Art sozialem Experiment. Dort ist ein durch die Ethnie getragener und damit weitgehend homogener Nationalstaat die Referenzgröße und noch nicht ersetzt durch einen konsumgetriebenen Kosmopolitismus. Das birgt großes Potential, auch hybrider Bedrohung weitgehend geschlossen (sic!) entgegenzutreten.

In jüngster Zeit weicht allerdings die Haltung vor allem Estlands zunehmend auf, denn die EU-Administration übt entsprechenden Druck aus. Ein Beispiel mag Kersti Kaljulaid sein, die seit Oktober 2016 estnische Staatspräsidentin ist und die unterschiedliche estnische Bevölkerung lediglich am

Sprachgebrauch[74] festmachen will. Hier zeigt sich auch der Versuch, durch die Hintertür die Ethnien nebst kulturellen Gedächtnissen gleichsam ‚auf Eis zu legen'. Auffällig in diesem Zusammenhang ist auch die Internetpräsenz der lettischen Botschaft; so fühlt man sich seit zwei Jahren (eingestellt am 19.03.2015) bemüßigt, „Fakten über die gesellschaftliche Integration in Lettland" prominent zu präsentieren. Die Gesellschaft Lettlands sei, so ist zu lesen, modern, tolerant, offen, gleichberechtigt und wurzele in Jahrhunderte alten Sprachen - und Kulturtraditionen.[75] Es gäbe vom Staat finanzierte Schulbildungsprogramme für nationale Minderheiten in sieben Unterrichtssprachen, die Einwohner russischer Abstammung fühlten sich weniger diskriminiert als die Russischstämmigen in den anderen EU Ländern, und außerdem seien viele hohe politische

---

[74] In punkto Sprache bzw. Sprachpolitik der Minderheiten hielten sich beide Seiten nicht zurück. Eine gründliche Analyse des Themas findet sich bei Glodbeck, Matthias: Russland, die baltischen Staaten und ihre Minderheiten. Instrumentalisierung des Menschenrechtsschutzes?, Arbeitspapier FG 5, 2013/Nr. 1, Forschungsgruppe Osteuropa und Eurasien, hrsg. v. SWP, URL:
https://www.swp-
ber-
lin.org/fileadmin/contents/products/arbeitspapiere/Arbeitsp
apier_FG5_Golbeck_RusslandBalt_Staaten_Minderheiten_20
13.pdf [Zugriff 15.03.2017]
[75] Botschaft der Republik Lettland, Fakten über die gesellschaftliche Integration in Lettland, URL:
http://www.mfa.gov.lv/de/berlin/aktuelles/fakten-uber-die-gesellschaftliche-integration-in-lettland
[Zugriff am 15.03.2017]

Amtsträger im Parlament (Saeima) der Republik zu finden. Allesamt hybride Strategien des „Westens", um etwa russischen Vorwürfen den Boden zu entziehen? Tatsächlich lässt sich eine Line finden, die eine Facette des Informationskrieges zeigt. So berichtete „Das Baltikum-Blatt" rund einen Monat vorher am 11.02.2015 unter der Überschrift „Elemente des russischen Hybridkriegs in Lettland sichtbar", dass russische Äußerungen über Menschenrechtsverletzungen in Lettland unwahr seien und die Sicherheitsorgane alarmiert hätten. All das sind Reaktionsmuster auf eine zu kurz – eben nicht komplex – gedachte Strategie und ein Lehrstück, wie es nicht gehen sollte. Die unlösbare Situation, mit der man umgehen muss, ist es eben zu akzeptieren, dass Ethnien die bildenden Größen der baltischen Länder sind und auch bleiben.

Die Esten, Letten, teils auch Litauer jedenfalls haben guten Grund, dem großen Nachbarn aus dem Osten und dessen Möglichkeit einer Mobilisierung der Minderheiten im baltischen Raum zu misstrauen. Wie im vorherigen Abschnitt ausgeführt, dienten im späten 19. Jahrhundert noch die Deutschbalten als negativer Referenzpunkt, im 20. jedoch traten die Sowjets dieses Erbe rasant an. Sie waren es, die die baltischen Völker 1939 töteten, deportierten oder drangsalierten. Nach einer Unterbrechung von drei Jahren an der Seite der Deutschen begann 1944 die Menschenverschlingung erneut und forderte noch mehr Leben. Zusammengenommen litten die letzten drei Generationen unter der Diktatur aus dem Osten. Der Rigaer Historiker Otto Seek (1917 und noch ohne Kenntnis des sowjetischen Dramas) dazu: „Entsetzlich viel Blut, wohl mehr als in dem übrigen Europa, ist in den beiden Ländern [baltische und Russland, CJG] durch äußere und innere Kämpfe vergossen worden; doch bei den Russen war es das Blut von Knechten, die zur Schlachtbank getrieben wurden, bei den Balten das Blut freier Männer, die für ihre eigene Sache fochten.“[76] Die nach 1945 einsetzende massenweise Ansiedlung ethnischer Russen war die Fortsetzung des Krieges mit anderen Mitteln. Zur Erinnerung die aktuellen Bevölkerungszahlen: 27 Prozent Russen in Lettland, 25,6 Prozent in Estland und 4,8 Prozent in Litauen.

Destabilisierung könnte also schnell gelingen – etwa aus dem Narrativ „Die baltischen Völker unterdrücken euch“. Kai-Olaf Lang allerdings schätzt die Bereitschaft der ethnischen Russen bzw. der russischsprachigen Minderheit als unentschlossen an, die „Befreiung“ Estlands, Lettlands und Litauens als Beginn einer Okkupation zu sehen. Es dient ihm als Beispiel hierzu ein toter Russe und 60 Verletzte bei Ausschreitungen in Tallin im Jahre 2007, nachdem seinerzeit das entsprechende Sowjetdenkmal (sog. Bronzesoldat) versetzt worden war. Vor allem auch die Meinungsunterschiede in sicherheitspolitischen Fragen seien deutlich. Zwei Drittel der russischen Minderheit stehe hinter dem Ukraine-Kurs Russlands und damit vier Fünftel der Letten konträr gegenüber. Nicht-Esten wiederum lehnten zu zwei

---

[76] Seek, Otto: Russen und Balten. Drei Vorträge von Otto Seek, Bielefeld/Leipzig: Belhagen&Klafing, 1917, S. 78-79.

Drittel die NATO-Bindung ab, während 78 Prozent der Esten diese begrüße. Lang macht in der Folge aber klar, dass nicht die gesamte Minderheit hinter der russischen Politik stehe: „Insgesamt die Hälfte der Russophonen sind demzufolge schlecht oder gar nicht integriert. Demgegenüber sind 16 Prozent 'russischsprachige estnische Patrioten' und 21 Prozent 'erfolgreich Integrierte'. 13 Prozent der Befragten wiederum sind gegenüber Politik sowohl in Estland als auch in Russland kritisch eingestellt, verfügten über gute Sprachkenntnisse, haben aber eine schwache staatsbürgerliche Identität."[77] Der Zugriff mittels hybrider Praktiken stelle sich nicht mehr vollumfänglich dar. So gäbe es zwar eine „gespaltene Mediensphäre" vor allem durch zwei Fernsehkanäle, aber dennoch begriffen sich „[…] Russen in den baltischen Staaten […] zunehmend als Teil der kulturellen russischen Welt (*russkij mir*), möchten aber nicht der politischen russischen Welt (*rossijskij mir*) angehören."[78]

---

[77] Lang, Kai-Olaf: Die baltischen Staaten und ihr schwieriges Verhältnis zu Russland, in: Zeitsch. der Bundesz. für pol. Bildung, Aus Politik und Zeitgeschichte. Estland, Lettland, Litauen, Heft 8 (2017), S. 34-39, hier S. 35.

[78] Ebd., S. 36. Vergleiche hierzu auch Opitz, Christian: Potentiale der nordisch-baltischen Sicherheitskooperation. Eine gemeinsame Bedrohungswahrnehmung verstärkt die regionale Zusammenarbeit, in: SWP aktuell, Heft 69 (2015), S. 1-4, hier S. 4, URL:
https://www.swp-ber-lin.org/fileadmin/contents/products/aktuell/2015A69_opt.pdf [Zugriff 15.03.2017]. Optitz stellt heraus, dass „alternative

Es hat den Anschein, dass eine jüngere Generation
der Russen, die sich selbst gern „Baltenrussen" nen-
nen – wie während der zaristischen Herrschaft über
das Baltikum –, nicht mehr vollständig mit der Sow-
jetgeschichte identifiziert werden will. Ihre Wurzel-
schau geht tiefer und zielt auf das Russe-Sein.
Gleichzeitig wissen die Baltenrussen allerdings um
die Besonderheit ihres Status, der als Okkupations-
macht begann. Es ist also zu unterscheiden zwischen Baltenrussen, Russen und Sowjets. Und hier
könnte eine Möglichkeit verborgen liegen, russische
hybride Strategien zu konterkarieren, ohne den Irr-
weg der Forderung nach Auslöschung der Identität
(s. o.) zu beschreiten. Russen sind Russen, Baltenrussen sind Baltenrussen und Esten sind Esten. Das
Miteinander in Koexistenz verlangt von keinem,
sich zu entkernen. Bedingungen wäre lediglich, nicht
in Zwietracht zu verfallen und auch, einander nicht
zu übervorteilen. Diese Balance ist nicht utopisch,
wenngleich es noch recht lange dauern dürfte, bis
das nötige Vertrauen gewachsen sein wird.

Es gibt freilich auch ein wirtschaftliches Argument,
sich nicht zu weit zu entfernen, denn Gas und
Strom kommt in erheblichem Teil vom großen östlichen Nachbarn und auch bei den Ausfuhren zeigen sich deutliche Verbindungslinien, denn Estland
exportiert 6%, Lettland 8%, und Litauen 14% seiner
Güter nach Russland. Im Jahre 2000 holte Jan Palokat ein Stimmungsbild ab. Es mag zeigen, dass der

---

Informationsquellen" und „unabhängige Medien" für die
russischsprachigen Bevölkerungen angeboten werden sollen.

Wille zur Zusammenarbeit da ist, aber noch kein Weg gefunden wurde, ihn in die Bahn zu bringen: „Dabei sind die meisten Balten selbst mit russischer Sprache, Mentalität und Geschäftsgebaren bestens vertraut und deswegen als Mittler zwischen Ost und West prädestiniert. Zumal sie zugleich durch ihre 'europäischen' Sitten und Gebräuche auch westlichen Partnern mehr Vertrauen einflössen können als mancher Geschäftsmann aus dem fernen Osten Russlands oder dem Kaukasus.“[79] Für hybride Aktivitäten ausgenutzt, sind Potentiale zur wirtschaftlichen Verflechtung sicherlich auch Möglichkeiten, Druck auszuüben bzw. Schaden anzurichten.

Eine weitere Schwachstelle könnte wiederum in der Genese der baltischen Völker liegen. Ihre Konstituierung begann bereits im Zuge der Christianisierung und bekam einen finalen Schub in der Zeit der Aufklärung. Hier taten sich vor allem die Dorfpastoren hervor, betrieben Schulen, sammelten Lieder, Geschichten, Kochrezepte, führten Geburten-, Heirats- und Sterberegister. Kurzum, sie förderten die Transkription mündlicher Überlieferungen in die Schriftform. Die Identität als Wille zur politischen Ausformung konnte im 19. Jahrhundert aus diesen Archiven schöpfen. Es liegt also nicht fern zu

---

[79] Palokat, Jan: Die Rückkehr nach Europa. Zum Stand der marktwirtschaftlichen Reformen im Baltikum, Deutschlandfunk, URL: http://www.deutschlandfunk.de/die-rueckkehr-nach-europa.716.de.html?dram:article_id=90212 [Zugriff am 15.03.2017]

schließen, dass sie auf dem Land geboren wurde.[80] Deutlich sollte in diesem Zusammenhang werden, dass die Autochthonen stets von fremder Oberschicht beherrscht waren. Die Deutschbalten, Schweden, Polen, Russen waren es, die durch die Jahrhunderte Handel trieben, Kriege führten, Politik lenkten. Offiziere, Pastoren, Lehrer, Professoren, Gutsbesitzer, Adelige lebten auf Gütern oder in den Metropolen Reval (Tallin), Riga oder Narwa und prägten eine Art Eliten-Kolonisierung. Diese Schichten schätzten die Autochthonen oft gering. Auf der anderen Seite interessierten diese sich wenig für ihre Herrscher.

Eine distanzierte und aus Fremden bestehende Oberschicht und die bäuerliche Lebensweise scheinen die Grundparameter kollektiver Gedächtnisse der Esten und Letten zu beschreiben. Die Litauer nehmen – wie so oft – eine Sonderrolle ein, denn sie blicken auf eine weitestgehend autonome Stellung und ein mit Polen geteiltes Großreich mit annähernd 400 Jahren Kontinuität zurück. Wollte man eine hybride Kriegsstrategie gegen oder für die Balten aufsetzen, müsste man die Diskrepanz von Stadt und Land bzw. Elite und Volk thematisieren. Wer aber sind die heutigen raumfremden Eliten? Am ehesten wahrscheinlich Vertreter der EU-Administration, diversifizierte Apologeten identitätsloser

---

[80] Hier hat die sowjetische Zwangskollektivierung vieles zerstört und bäuerliches Leben drangsaliert (s. o.). Derzeit allerdings blüht ein Umweltbewusstsein. Es mag ein Zeichen des Wiederanschlusses an das kulturelle Gedächtnis sein.

Neutralisierung oder auch Manager international operierender Großkonzerne.

3.2   Der totale Kriegseinsatz als Normalfall

Nimmt man das kulturelle Gedächtnis ernst und auch den Unterschied zwischen „kalten und heißen Gesellschaften", sollte jede aktuelle Entwicklung auf diesen Hintergrund projiziert werden. Von dort aus ist einschätzbar, wie Land und Leute reagieren könnten. Die Balten in der Makro-Sicht sind sicherlich im Strausssschen Sinne „heiß". Sie wurzeln stark in ihren kulturellen Gedächtnissen und d. h., dass die Erzählungen im Modus des Erlebens die Wirklichkeit bestimmen. Die Völker des Baltikums fühlen ihre Identität. Es ist keine tote Geschichte, die sie prägt, keine langweiligen Fakten. Jede Familie hat Tote in ihren Reihen zu beklagen. Jede Familie hat vitale Erlebnisse aus Not und Bedrängung im 20. Jahrhundert. Erlebnisse, die sich in die Folgegenerationen übertragen haben und wirken. Im baltischen Mikro-Kosmos freilich stellen sich für Kenner deutliche Unterscheide heraus. Im Vergleich scheinen die Esten „kalte" Gesellen zu sein und die „Litauer eindeutig „heiß".[81]

Die baltischen Identitäten entfalteten sich im Willen zur Unabhängigkeit. Er war es, der die Kraft gab, in der kurzen Friedensphase zwischen den Weltkriegen

---

[81] Eine weitere Mentalitätenanalyse und Darstellung der Völkerspsychologie von Esten, Letten und Litauern würde den Rahmen dieses Essays sprengen und verdient sicherlich eine eigene Untersuchung.

die Staaten aufzubauen. Er war es, der den Partisanenkampf vor allem gegen die Sowjets wach hielt und bis zum Ende der 1970er Jahre fortführen ließ. Er wird es sein, der die Balten in künftigen Szenarien überdauern lassen wird. Er ist es, der die Maximen des „hybriden Krieges" bestimmen wird – im Erdulden wie auch im aktiven Tun. Etliche aktuelle Berichte thematisieren die Wehrkraft der Esten, Letten und Litauer. Exemplarisch sei hier ein Beispiel von Simone Brunner aus dem Januar 2017 aufgeführt. Sie begleitete estnische Paramilitärs bei deren militärischem Überlebenstraining: „28 Teams messen sich im Partisanenkampf: Beschuss orten, mit dem Maschinengewehr schießen und Verwundete versorgen."[82] Exemplarisch ist, dass den Teilnehmern die „Schlacht bei Utria"[83] von 1919 absolut präsent ist und Zuversicht stiftet, auch künftig im Kampf gegen eine Übermacht zu bestehen bzw. diese sogar erfolgreich zu schlagen.

Jeder 50. Bürger Estlands, so Brunner, bilde einen „Sicherheitsteppich", der sich in jedem Haus, jedem Dorf und in jeder Stadt ausbreite. Mit rund 25.600 Mitgliedern stünden die Freiwilligen (Männer wie Frauen) einer regulären estnischen Armee von 6.000 Mann zur Seite. Es handele sich hierbei nicht um

---

[82] Brunner, Susanne: Estland: Unterwegs mit der Liga der Partisanen, derStandart.at, URL:
http://derstandard.at/2000051190070/EstlandUnterwegs-mit-der-Liga-der-Partisanen [Zugriff am 14. März 2017]
[83] Ein 1919 erfolgreich durchgeführter Hinterhalt gegen die damalige junge Sowjetunion.

„Hysteriker oder Militärfanatiker", sondern quer durch alle Berufsbilder und Bildungsschichten seien etwa Kellner, Lehrer, IT-Entwickler, Studenten oder Unternehmer bereit zu kämpfen. Zu kämpfen für Land und Volk und nicht für andere Ziele – ein Sachverhalt, der deutlich werden sollte in der Betrachtung der baltischen Völker, denn die Beherrschung durch raumfremde Mächte zieht sich wie ein roter Faden durch deren Geschichte (siehe vorangegangene Abschnitte).

Kommt es zur offenen Schlacht, kann kaum Zweifel herrschen, dass die Balten in Windeseile bei den Fahnen bzw. in den Uniformen und an den Waffen sind.[84] Vom „Waldbruder" ist es nicht weit zum heutigen Nationalgardisten (estnische Kaitseliit, lettische Zemessardze, litauische Nationalgarde). Die Balten werden wieder kämpfen – und wieder verbissen bis zum letzten Mann. Was aber, wenn der Krieg auf leisen Sohlen, eben hybrid, angeschlichen kommt? Nehmen wir die nicht-letalen Wirkmittel: politische (Boykotte, Einreiseverbote etc.) und physische Wirkmittel (Sabotageakte, auch Cy-

---

[84] Als weiteres Beispiel mag eine Broschüre dienen, die das litauische Verteidigungsministerium im Oktober 2016 ins Netz stellte und zum Herunterladen anbietet. Es handelt sich um "practical guidance on behaviours during emergencies/war" und zielt auf "to actively resist an aggressor and ways to survive amidst war." URL:
http://kam.lt/en/news_1098/news_archives/news_archive_2016/news_archive_2016_-_10/ministry_of_national_defence_issued_third_publication_on_civil_resistance.html [Zugriff am 19.03.2017].

berangriffe oder etwa Anschläge) werden mit hoher Wahrscheinlichkeit als offene Aggression gewertet und mit Geschlossenheit beantwortet. Auch ökonomische Strategien dürften eher zusammenschweißen und nicht spalten. Erinnern wir uns an Herfried Münkler mit dessen Analyse: „Was sie aber eigentlich angreifen, ist die labile psychische Infrastruktur vor allem der westlichen Welt, über die sie den politischen Willen des angegriffenen Landes ermatten und erschöpfen wollen."[85] Die baltischen Länder haben nicht die „labile psychische Infrastruktur" westlicher Länder. Wird „hybrider Krieg" mit „totaler Krieg" übersetzt, zählen die Völker des Baltikums spätesten seit dem 20. Jahrhundert wohl zu genuinen „Hybridkriegern" – jedenfalls in letalen Wirkungsweisen und mit hoher Wahrscheinlichkeit auch in nicht-letalen.

---

[85] Münkler, Herfried: Die neuen Kriege, S. 184.

4. LITERATUR/NETZQUELLEN

Assmann, Jan: Das kulturelle Gedächtnis. Schrift, Erinnerung und politische Identität in frühen Hochkulturen, 7. Aufl., München: Beck, 2013

Auswärtiges Amt, Länderinformationen Litauen, URL:

http://www.auswaertiges-amt.de/DE/Aussenpolitik/Laender/Laenderinfos/01-Nodes_Uebersichtsseiten/Litauen_node.html
[Zugriff am 21.09.2016]

Auswärtiges Amt, Länderinformationen Lettland, URL:

https://www.auswaertiges-amt.de/DE/Aussenpolitik/Laender/Laenderinfos/01-Laender/Lettland.html
[Zugriff am 21.09.2016]

Balkelis, Tomas: Demobilisierung, Remobilisierung: paramilitärische Verbände in Litauen 1918-1920, in: Osteuropa. Interdiszipl. Monatszeitschr. z. Analyse von Politik, Wirtschaft, Gesellsch., Kultur u. Zeitgesch. in Osteurop., Ostmitteleurop., und Südosteurop., Heft 2-4 (2014), S. 197-220

Bergien, Rüdiger: Republikschützer oder Terroristen? Die Freikorpsbewegung in Deutschland nach dem Ersten Weltkrieg, in: Militärgeschichte. Zeitschr. f. hist. Bildung, Heft 3 (2008), S. 14-17

Bischoff, Josef: Die letzte Front. Geschichte der Eisernen Division im Baltikum 1919, Berlin: Buch- u. Tiefdruckgesellsch., 1935

Botschaft der Republik Estland: Die Bevölkerung Estlands und die nationalen Beziehungen, URL: http://www.estemb.de/estland/bevolkerung [Zugriff am 21.09.2016]

Botschaft der Republik Lettland: Fakten über die gesellschaftliche Integration in Lettland, URL: http://www.mfa.gov.lv/de/berlin/aktuelles/fak ten-uber-die-gesellschaftliche-integration-in-lettland [Zugriff am 15.03.2017]

Brüggemann, Karsten: Kriegsende, Revolutions-wirren und Nationalstaatsbildung in Estland, in: Militärgeschichte. Zeitschr. f. hist. Bildung, Heft 1 (2004), S. 20-23

Brunner, Susanne: Estland: Unterwegs mit der Liga der Partisanen, derStandart.at, URL: http://derstandard.at/2000051190070/Estland Unterwegs-mit-der-Liga-der-Partisanen [Zugriff am 14.03. 2017]

Fuksiewicz, Aleksander: Die gegenseitige Wahr-nehmung von Polen und Litauern, URL: http://www.bpb.de/internationales/europa/pol en/163603/analyse-die-gegenseitige-wahrnehmung-von-polen-und litauern [Zugriff am 23.08.2016]

Galeotti, Mark: Die „Gerassimow-Doktrin" und Russlands nicht-linearer Krieg, URL: https://informnapalm.org/de/mark-galeotti-die-gerassimow-doktrin-und-russlands-nicht-linearer-krieg [Zugriff am 18.03.2017]

Gimbutas, Marija: Die Balten. Geschichte eines Volkes im Ostseeraum, München/Berlin: Herbig, 1983 [engl. 1963]

Glodbeck, Matthias: Russland, die baltischen Staaten und ihre Minderheiten. Instrumentalisierung des Menschenrechtsschutzes?, in: Arbeitspapier FG 5, 2013/Nr. 1, Forschungsgruppe Osteuropa und Eurasien, hrsg. v. SWP, URL: https://www.swp-berlin.org/fileadmin/contents/products/arbeitspapiere/Arbeitspapier_FG5_Golbeck_Russland_Balt_Staaten_Minderheiten_2013.pdf [Zugriff 15.03.2017]

Grabitz, Rosmarie (Hrsg.): Briefe aus einer schweren Zeit 1939-1949, ges. u. übertr. von Hans Weiss im Jahre 1970, Berlin: Simon, 2008

Graw, Ansgar: Der Freiheitskampf im Baltikum, Erlangen/Bonn/Wien: Straube, 1991

Hartmann, Uwe: Hybrider Krieg als neue Bedrohung von Freiheit und Frieden. Zur Relevanz der Inneren Führung in Politik, Gesellschaft und Streitkräften, Berlin: Miles, 2015

Hartmann, Waldemar: Die Balten und ihre Geschichte, Berlin: Franz Eher Nachf., 1940

Hecker, Hans/Spieler, Silke (Hrsg.): Deutsche, Slaven und Balten. Aspekte des Zusammenlebens im Osten des Deutschen Reiches und in Ostmitteleuropa, Bonn: Kulturstiftung d. dtsch. Vertriebenen, 1989

Knodt, Michèle/Urdze, Andrejs (Hrsg.): Die politischen Systeme der baltischen Staaten. Eine Einführung, Wiesbaden: Springer, 2012

Kommando Heer: Führungsreise 2016. Die Militärgeschichte des Baltikums im 20. Jahrhundert im Überblick, Strausberg: Selbstverlag, 2016, S. 35-44

Laar, Mart: Die baltischen Staaten, in: Günter Buchstab/Rudolf Uertz (Hrsg.): Geschichtsbilder in Europa, Freiburg: Herder, 2009, S. 289-310

Mörters, Kirsten: Das Baltikum im Ersten Weltkrieg, in: Militärgeschichte. Zeitschr. f. hist. Bildung, Heft 1 (2004), S. 14-19

Münkler, Herfried: Die neuen Kriege, in: Der Bürger im Staat, hrsg. v. d. Landesz. f. pol. Bildung Baden-Würtemberg, Heft 4 (2004), S. 179-184

Ohne Autorenangabe: Die Werkstatt der Sowjetunion. Mit 53 Ministerien, in: Der Spiegel, Heft 24 (1948), S. 12, URL: http://www.spiegel.de/spiegel/print/d-44416942.html [Zugriff am 21.09.2016]

Palokat, Jan: Die Rückkehr nach Europa. Zum Stand der marktwirtschaftlichen Reformen im Baltikum, Deutschlandfunk, URL: http://www.deutschlandfunk.de/die-rueckkehr-nach-europa.716.de.html?dram:article_id=90212 [Zugriff am 15.03.2017]

Seek, Otto: Russen und Balten. Drei Vorträge von Otto Seek, Bielefeld/Leipzig: Belhagen& Klafing, 1917

Universität Koblenz: Landeskunde, Geschichte Lettlands, URL: https://www.uni-koblenz.de/~ist/ewis/lvlkgesch.html [Zugriff am 21.09.2016]

Urdze, Andrejs (Hrsg.): Der baltische Weg. Das Ende des Sowjetkommunismus, Reinbeck: Rowohlt, 1991

van Bune, Henrik: Zwischen den Fronten. Balten in der Waffen-SS, in: Militär u. Geschichte. Bilder, Tatsachen, Hintergründe, Heft 4 (2016), S. 22-29

von der Goltz, Graf Rüdiger: Meine Sendung in Finnland und im Baltikum, Leipzig: Koehler, 1920

Zeitschrift der Bundeszentrale für politische Bildung, Aus Politik und Zeitgeschichte. Estland, Lettland, Litauen, Heft 8 (2017)

Zum Autor:

Dr. Christian J. Grothaus ist diplomierter Architekt und in Kulturwissenschaften promoviert. Er arbeitet als Autor und Dozent im Schnittfeld von Geschichte, Philosophie sowie Kunst und ist aktiver Reserveoffizier bei der Bundeswehr.

Carola Hartmann Miles-Verlag

<u>Politik, Gesellschaft, Militär</u>

Wolf Graf von Baudissin, *Grundwert Frieden in Politik – Strategie – Führung von Streitkräften,* hrsg. von Claus von Rosen, Berlin 2014.

Wolf Graf von Baudissin, *Der Widerstand. „… um nie wieder in die auswegslose Lage zu geraten…",* hrsg. von Claus von Rosen, Berlin 2014.

Marcel Bohnert, Lukas J. Reitstetter (Hrsg.), *Armee im Aufbruch. Zur Gedankenwelt junger Offiziere in den Kampftruppen der Bundeswehr,* Berlin 2014.

Arjan Kozica, Kai Prüter, Hannes Wendroth (Hrsg.), *Unternehmen Bundeswehr? Theorie und Praxis (militärischer) Führung,* Berlin 2014.

Angelika Dörfler-Dierken, Robert Kramer, *Innere Führung in Zahlen. Streitkräftebefragung 2013,* Berlin 2014.

Eberhard Birk, Heiner Möllers (Hrsg.), *Luftwaffe und Luftkrieg,* Berlin 2015.

Phil C. Langer, Gerhard Kümmel (Hrsg.), *„Wir sind Bundeswehr." Wie viel Vielfalt benötigen/vertragen die Streitkräfte?,* Berlin 2015.

Jéronimo L. S. Barbin, *Imperialkriegführung im 21. Jahrhundert. Von Algier nach Bagdad. Die kolonialen Ursprünge der COIN-Doktrin,* Berlin 2015.

Dirk Freudenberg, *Counterinsurgency. Aufstandsbekämpfung als Phase zur Überwindung schwacher Staatlichkeit und zur Etablierung des Aufbaus einer stabilen Nachkriegsordnung,* Berlin 2016.

Marcel Bohnert, Björn Schreiber (Hrsg.), *Die unsichtbaren Veteranen. Kriegsheimkehrer in der deutschen Gesellschaft*, Berlin 2016.

Alois Bach, Walter Sauer (Hrsg.), *Schützen, Retten, Kämpfen – Dienen für Deutschland*, Berlin 2016.

Christian Göbel, *Glücksgarant Bundeswehr? Ethische Schlaglichter auf einige neuere Studien des ZMSBw im Kontext von Sinn und Glück des Soldatenberufs, Innerer Führung und Einsatz-Ethos*, Berlin 2016.

Alois Bach, Walter Sauer (Hrsg.), *Schützen. Retten.Kämpfen. Dienen für Deutschland*, Berlin 2016.

Dirk Freudenberg, Stephan Maninger, *Neue Kriege. Sicherheitspolitische Rahmenbedingungen, Mentalitäten, Strategien, Methoden und Instrumente*, Berlin 2016.

Eberhard Birk, Peter Andreas Popp, *Luftwaffenoffizier 21. Das Selbstverständnis des Luftwaffenoffiziers zu Beginn des 21. Jahrhunderts*, Berlin 2016.

Eberhard Birk, Heiner Möllers (Hrsg.), *Luftwaffe und Luftverteidigung*, Berlin 2017.

Alessandro Rappazzo, *Vorsprung durch Leadership. Modernes Leadership in der Armee*, Berlin 2017.

Wolfgang Peischel (Hrsg.), *Wiener Strategie-Konferenz 2016. Strategie neu denken*, Berlin 2017.

Jahrbuch Innere Führung

Uwe Hartmann, Claus von Rosen, Christian Walther (Hrsg.), *Jahrbuch Innere Führung 2009. Die Rückkehr des Soldatischen*, Eschede 2009.

Helmut R. Hammerich, Uwe Hartmann, Claus von Rosen (Hrsg.), *Jahrbuch Innere Führung 2010. Die Grenzen des Militärischen,* Berlin 2010.

Uwe Hartmann, Claus von Rosen, Christian Walther (Hrsg.), *Jahrbuch Innere Führung 2011. Ethik als geistige Rüstung für Soldaten,* Berlin 2011.

Uwe Hartmann, Claus von Rosen, Christian Walther (Hrsg.), *Jahrbuch Innere Führung 2012. Der Soldatenberuf zwischen gesellschaftlicher Integration und suis generis-Ansprüchen,* Berlin 2012.

Uwe Hartmann, Claus von Rosen (Hrsg.), *Jahrbuch Innere Führung 2013. Wissenschaften und ihre Relevanz für die Bundeswehr als Armee im Einsatz,* Berlin 2013.

Uwe Hartmann, Claus von Rosen (Hrsg.), *Jahrbuch Innere Führung 2014. Drohnen, Roboter und Cyborgs – Der Soldat im Angesicht neuer Militärtechnologien,* Berlin 2014.

Uwe Hartmann, Claus von Rosen (Hrsg.), *Jahrbuch Innere Führung 2015. Neue Denkwege angesichts der Gleichzeitigkeit unterschiedlicher Krisen, Konflikte und Kriege,* Berlin 2015.

Uwe Hartmann, Claus von Rosen (Hrsg.), *Jahrbuch Innere Führung 2016. Innere Führung als kritische Instanz,* Berlin 2016.

Einsatzerfahrungen

Kay Kuhlen, *Um des lieben Friedens willen. Als Peacekeeper im Kosovo,* Eschede 2009.

Sascha Brinkmann, Joachim Hoppe (Hrsg.), *Generation Einsatz, Fallschirmjäger berichten ihre Erfahrungen aus Afghanistan,* Berlin 2010.

Artur Schwitalla, *Afghanistan, jetzt weiß ich erst… Gedanken aus meiner Zeit als Kommandeur des Provincial Reconstruction Team FEYZABAD,* Berlin 2010.

Uwe Hartmann, *War without Fighting? The Reintegration of Former Combatants in Afghanistan seen through the Lens of Strategic Thought,* Berlin 2014.

Rainer Buske, *KUNDUZ. Ein Erlebnisbericht über einen militärischen Einsatz der Bundeswehr in Afghanistan im Jahre 2008,* Berlin [2]2016.

Marcel Bohnert, Andy Neumann, *German Mechanized Infantry on Combat Operations in Afghanistan,* Berlin 2016.

Standpunkte und Orientierungen

Daniel Giese, *Militärische Führung im Internetzeitalter – Die Bedeutung von Strategischer Kommunikation und Social Media für Entscheidungsprozesse, Organisationsstrukturen und Führerausbildung in der Bundeswehr,* Berlin 2014.

Dirk Freudenberg, *Auftragstaktik und Innere Führung. Feststellungen und Anmerkungen zur Frage nach Bedeutung und Verhältnis des inneren Gefüges und der Auftragstaktik unter den Bedingungen des Einsatzes der Deutschen Bundeswehr,* Berlin 2014.

Uwe Hartmann (Hrsg.), *Lernen von Afghanistan. Innovative Mittel und Wege für Auslandseinsätze,* Berlin 2015.

Fouzieh Melanie Alamir, *Vernetzte Sicherheit – Quo Vadis?*, Berlin 2015.

Hartwig von Schubert, *Integrative Militärethik. Ethische Urteilsbildung in der militärischen Führung*, Berlin 2015.

Uwe Hartmann, *Hybrider Krieg als neue Bedrohung von Freiheit und Frieden. Zur Relevanz der Inneren Führung in Politik, Gesellschaft und Streitkräften*, Berlin 2015.

Klaus Beckmann, *Treue.Bürgermut.Ungehorsam. Anstöße zur Führungskultur und zum beruflichen Selbstverständnis in der Bundeswehr*, Berlin 2015.

Florian Beerenkämper, Marcel Bohnert, Anja Buresch, Sandra Matuszewski, *Der innerafghanische Friedens- und Aussöhnungsprozess*, Berlin 2016.

Martin Sebaldt, *Nicht abwehrbereit. Die Kardinalprobleme der deutschen Streitkräfte, der Offenbarungseid des Weißbuchs und die Wege aus der Gefahr*, Berlin 2017.

Militärgeschichte

Dieter E. Kilian, *Adenauers vergessener Retter – Major Fritz Schliebusch*, Berlin 2011.

Ingo Pfeiffer, *Gegner wider Willen. Konfrontation von Volksmarine und Bundesmarine auf See*, Berlin 2012.

Dieter E. Kilian, *Kai-Uwe von Hassel und seine Familie. Zwischen Ostsee und Ostafrika. Militär-biographisches Mosaik*, Berlin 2013.

Peter Heinze, *Berliner Militärgeschichten*, Berlin 2013.

Ingo Pfeiffer, *Seestreitkräfte der DDR*, Berlin 2014.

Ulrich C. Kleyser, *Lazare Carnot. "Le Grand Carnot". Ein Charakterbild,* Berlin 2016.

Eberhard Birk, *"Auf Euch ruht das Heil meines theuern Württemberg!" Das Gefecht bei Tauberbischofsheim am 24. Juli 1866 im Spiegel der württembergischen Heeresgeschichte des 19. Jahrhunderts,* Berlin 2016.

Kathrin Orth, Eberhard Kliem, *"Wir wurden wie blödsinnig vom Feind beschlossen". Menschen und Schiffe in der Skagerrakschlacht 1916,* Berlin 2016.

Hans Frank, Norbert Rath, *Kommodore Rudolf Petersen. Führer der Schnellboote 1942–1945. Ein Leben in Licht und Schatten unteilbarer Verantwortung,* Berlin 2016.

Eckhard Lisec, *Der Unabhängigkeitskrieg und die Gründung der Türkei 1919–1923,* Berlin 2016.

Claas Siano, *Die Luftwaffe und der Starfighter,* Berlin 2016.

Eberhard Korthaus, *Heldinnen der Befreiungskriege gegen Napoleon,* Berlin 2017.

<u>Erinnerungen</u>

Blue Braun, *Erinnerungen an die Marine 1956–1996,* Berlin 2012.

Harald Volkmar Schlieder, *Kommando zurück!,* Berlin 2012.

Reinhart Lunderstädt, *Aus dem Leben eines Hochschullehrers. Persönlicher Bericht,* Berlin 2012.

Wulf Beeck, *Mit Überschall durch den Kalten Krieg. Mein Leben für die Marine,* Berlin 2013.

Jan Becker, *Aufgewühltes Wasser,* 3 Bde., Berlin 2014.

Klaus Grot, *So war's, damals. Dienstchronik eines Pionieroffiziers im Kalten Krieg 1954–1991,* Berlin 2014.

Gustav Lünenborg, *Bürger und Soldat. Innere Führung hautnah 1956–1993, 1993–2015,* Berlin 2015.

Adolf Brüggemann, *Als Offizier der Bundeswehr im Auswärtigen Dienst. Meine Erinnerungen als Militärattaché in Seoul (Republik Korea) 1978–83 und in Prag (Tschechoslowakei/Tschechien) 1988–1993,* Berlin 2015.

Rainer Buske, *Eine Reise ins Innere der Bundeswehr. Wundersame Geschichten aus einer anderen Welt,* Berlin 2016.

Heinz Laube, *Duell am geteilten Himmel,* Berlin 2016.

Winfried Papenfuß, *Die Kriege der Karendorffs,* Berlin 2016.